A Pictorial History of Machynlleth
Mewn Hen Luniau

Author/Awdur : David Wyn Davies

Cyfieithiad gan / Translation by Ann Fychan

Machynlleth and District Civic Society
Cymdeithas Ddinesig Machynlleth a'r Cylch

First edition 1996

ISBN: 0-900439-83-1

Printed by Cambrian Printers
Aberystwyth

Introduction

Much of the early photography in Machynlleth was carried out by photographers who were based in neighbouring towns especially Aberystwyth but also Newtown and Dolgellau. The earliest of the long line of Aberystwyth photographers was Ebenezer Morgan who arrived at Aberystwyth in 1864 and he continued his photography until almost the turn of the century.

Edward Richard Gyde also arrived in Aberystwyth in the 1860s and was a photographer in the town until his death in 1918. By 1898, Herbert George Pickford had become Gyde's manager and, eventually, he became a partner in Gyde and Pickford. H.G.Pickford continued the business on his own until he was joined by his son R.Glynne Pickford in the 1930s. The business continued at Aberystwyth until it was sold in 1972.

One of the earliest Machynlleth-based photographers was Benjamin Pearce. He moved to Machynlleth from Llangollen with his parents, George and Margaretta, about 1870. George was a watchmaker and he was followed into the craft by his sons David, James and Benjamin. The latter also became a photographer and many of the excellent photographs of Machynlleth in the 1890s and early 1900s were taken by him. Benjamin, like his father before him, ran his business from Doll Street.

In addition to the local photographers, well known touring photographers visited the town during the summer. The most prolific of these was John Thomas, Cambrian Gallery, Liverpool. He toured Wales each summer for about thirty years from 1867 in a horse-drawn van which served both as accommodation and mobile darkroom.

Benjamin Pearce inspired others such as Esther Davies, daughter of John Davies the carrier of Maengwyn Street, and John Jones, Dovey Studio. The first half of the 1900s, however, was again dominated by Aberystwyth photographers namely Frank Culliford, Henry Hicks Davies, William Jenkins and Herbert George Pickford.

The Aberystwyth domination of Machynlleth photography was eventually broken by John.D.Holt, a railwayman, who photographed prolifically for the local press in the 1960s and 1970s. The last three decades of the century saw a strong professional presence in the town through Alan Martin, Patrick Smith and Peter Dobson.

Cyflwyniad

Tynnwyd y rhan fwyaf o'r lluniau cynnar ym Machynlleth gan ffotograffwyr a leolwyd yn y trefi cyfagos, Aberystwyth gan fwyaf, ond hefyd yn Y Drenewydd a Dolgellau. Y cynharaf o linach hir o ffotograffwyr yn Aberystwyth oedd Ebenezer Morgan, a ddaeth yno ym 1864, lle y parhaodd gyda'r gwaith hyd droad y ganrif.

Daeth Edward Richard Gyde i Aberystwyth yn y 1860au, a bu'n ffotograffwr yno hyd ei farwolaeth ym 1918. Erbyn 1898, 'roedd Herbert George Pickford yn gweithio fel rheolwr i Gyde, ac o dipyn i beth daeth yn bartner yn Gyde and Pickford. Cynhaliodd H.G. Pickford y busnes ar ei ben ei hun hyd nes i'w fab, R. Glynne Pickford, ymuno ag ef yn y 1930au. Parhaodd y busnes yn Aberystwyth hyd 1972 pan gafodd ei werthu.

Un o'r ffotograffwyr cyntaf i'w leoli ym Machynlleth oedd Benjamin Pearce. Symudodd i Fachynlleth o Langollen gyda'i rieni, George a Margaretta, oddeutu 1870. Gwneud watsus oedd ei dad, a dilynwyd ef gan David, James a Benjamin, ei feibion. Daeth yr olaf yn ffotograffydd yn ogystal, a thynnodd lawer o luniau ardderchog o Fachynlleth yn y 1890au ac ar ddechrau'r ugeinfed ganrif. 'Roedd Benjamin, fel ei dad o'i flaen, yn rhedeg ei fusnes o Heol y Doll.

Yn ogystal â ffotograffwyr lleol, byddai ffotograffwyr teithiol adnabyddus yn dod i'r dref yn ystod tymor yr haf. Yr un mwyaf cynhyrchiol ohonynt oedd John Thomas, Oriel y Cambrian, Lerpwl. Am tua deng mlynedd ar hugain o 1867 bu'n teithio trwy Gymru bob haf mewn fan a dynnwyd gan geffyl. Byddai'n lle   iddo yn ogystal ag ystafell dywyll symudol.

Bu Benjamin Pearce yn ysbrydoliaeth i eraill megis Esther Davies, merch John Davies, cariwr, Heol Maengwyn, a John Jones, Stiwdio Dyfi. Ond yn ystod hanner cyntaf yr ugeinfed ganrif, ffotograffwyr Aberystwyth oedd y prif rai, megis Frank Culliford, Henry Hicks Davies, William Jenkins a Herbert George Pickford.

Ond daeth diwedd ar y traddodiad hwn gyda dyfodiad John D. Holt, gweithiwr rheilffordd, a dynnai luniau'n gyson ar gyfer y wasg leol yn y 1960au a'r 1970au. Yn ystod deng mlynedd ar hugain ola'r ganrif gwasanaethwyd y dref gan dri ffotograffydd proffesiynol sef Alan Martin, Patrick Smith a Peter Dobson.

Buildings / *Adeiladau*

1. A view of Machynlleth from the Aberystwyth road painted by Francis Towne in 1777:
Golygfa o Fachynlleth o Ffordd Aberystwyth a baentiwyd gan Francis Towne ym 1777.

This is probably the earliest view of the town. The tower of St Peter's Church can be seen in the centre of the painting. This was built in 1745. The building with a chimney stack on the left may well have been the Garsiwn brickworks. The Wynnstay Hotel was faced with local bricks and still bears the date 1780. The connection with the brickworks survives in the Garsiwn with the street named Brickfield Street.

Mae'n debyg mai hwn yw'r llun cyntaf o'r dref. Gweler twˆr Eglwys Sant Pedr yng nghanol y llun. Fe'i adeiladwyd ym 1745. Mae'n bosib mai Gwaith Brics y Garsiwn yw'r adeilad gyda'r corn simnai ar y chwith.'Roedd wyneb Gwesty'r Wynnstay wedi'i adeiladu o frics lleol a gwelir arno'r dyddiad 1780 o hyd. Mae'r cysylltiad â'r gwaith brics yn bodoli yn y Garsiwn hyd y dydd heddiw gyda'r stryd o'r enw Heol Brickfield.

2. The Market Hall: *Neuadd y Farchnad.*

The former Market Hall was located where the Town Clock now stands at the meeting point of Maengwyn Street, Penrallt Street and Pentrerhedyn Street. It was built in 1783 by Sir Watkin Williams - Wynn who demolished the medieval market hall which had stood on the site for centuries. On May 10th 1871, a correspondent writing in *The Cambrian News* described the hall as 'a curious specimen of architecture, lacking utility and beauty'. The building had a market hall on the ground floor and an Assembly Room upstairs. This was reached by means of an open flight of steps on the western side of the building. George Borrow, the author of *Wild Wales*, heard a court case in the Assembly Room on November 1st 1854. The building was demolished in the early 1870s.

Arferai Neuadd y Farchnad sefyll lle mae Cloc Y Dref wedi'i leoli heddiw yn y fan lle mae Heol Maengwyn, Heol Penrallt a Heol Pentrerhedyn yn cwrdd. Fe'i hadeiladwyd ym 1783 gan Syr Watkin Williams-Wynn. Ef hefyd a fu'n gyfrifol am ddymchwel y neuadd ganol-oesol a fu'n sefyll ar y safle hwnnw am ganrifoedd. Ar Fai 10fed 1871, disgrifiodd gohebydd y *Cambrian News* y neuadd fel 'enghraifft ryfedd o bensaernïaeth heb iddo na defnyddioldeb na phrydferthwch'. 'Roedd neuadd marchnad ar y gwaelod ac ystafell ymgynnull ar y llawr cyntaf, gyda grisiau cerrig agored i'w chyrraedd ar ochr orllewinol yr adeilad. Bu George Borrow, awdur *Wild Wales*, yn gwrando ar achos llys yn yr Ystafell Ymgynnull ar Dachwedd 1af 1854. Dymchwelwyd yr adeilad ar ddechrau'r 1870au.

3. The Castlereagh Memorial Clock: *Cloc Coffa Castlereagh.*

The clock on the old market Hall was missed when the building was demolished. Consequently, when the townspeople resolved to celebrate the 21st birthday of Charles Stewart Vane-Tempest, Viscount Castlereagh, the son of the 5th Marquess of Londonderry of Plas Machynlleth, they decided to erect a clock tower on the site. The birthday was on July 16th 1873 but, owing to a family bereavement, the foundation stone was not laid until July 15th 1874. The height of the nationally famous clock tower was 78 feet to the base of the weather vane. It was built by a local builder, Edward Edwards, and the architect was Henry Kennedy of London.

Bu'r golled yn fawr ar ôl y cloc ar yr hen neuadd farchnad pan ddymchwelwyd yr adeilad. O ganlyniad i ddathlu penblwydd Charles Stewart Vane-Tempest, mab 5ed Ardalydd Londonderry, Plas Machynlleth yn un ar hugain oed, penderfynwyd codi cloc y tŵr ar y safle. Gorffennaf 16eg 1873 oedd dyddiad y penblwydd, ond oherwydd profedigaeth yn y teulu ni osodwyd y garreg sylfaen tan Gorffennaf 15fed 1874. Uchder tŵr enwog y cloc oedd 78 troedfedd o'r llawr hyd at waelod y ceiliog gwynt. Codwyd ef gan adeiladwr lleol, Edward Edwards, a'r pensaer oedd Henry Kennedy o Lundain.

4. The Town Hall: *Neuadd y Dref.*   *photo/llun : J.D.Holt*

The Town Hall in Penrallt Street was built by a private company called The Town Hall Company in 1873. The contractor was Edward Edwards and the facilities replaced those lost by the demolition of the old Market Hall, namely an assembly room upstairs and a market hall on the ground floor. The two doors on the extreme right and left opened to a flight of stairs which led up to the assembly room. The large central archway led into the market hall which also housed the town's fire engine for many decades. The two other arches were enclosed to form lock-up shops after the purchase of the Hall by the Machynlleth Urban District Council in 1908. Peter Vaughan became the first tenant of the lock-up shop to the left and his company Peter Vaughan and Sons continued their tenancy until the Town Hall was demolished in 1968.

Adeiladwyd Neuadd y Dref yn Heol Penrallt ym 1873 gan gwmni preifat o'r enw Cwmni Neuadd Y Dref. Y contractiwr oedd Edward Edwards, ac o dipyn i beth cafwyd cyfleusterau megis ystafell ymgynnull ar y llawr cyntaf a neuadd farchnad ar y gwaelod i gymryd lle y rhai a gollwyd gyda dymchweliad yr hen neuadd farchnad. Agorai'r ddau ddrws ar y dde eithaf a'r chwith i risiau cerrig a arweiniai i'r neuadd ymgynnull. 'Roedd y fynedfa fawr fwaog yn arwain i'r neuadd farchnad lle cedwid injan dân y dref am ddegawdau lawer. 'Roedd y ddau fwa arall wedi'u hamgau i ffurfio siopau bychain wedi i'r Neuadd gael ei phrynu gan Gyngor Dosbarth Trefol Machynlleth ym 1908. Peter Vaughan oedd tenant cynta'r siop ar y chwith, a pharhaodd ei gwmni Peter Vaughan a'i Feibion gyda'r denantiaeth hyd nes y dymchwelwyd Neuadd y Dref ym 1968.

photo/llun/llun : J.D.Holt

5. Town Hall (Interior): *Neuadd y dref (tu mewn).*

The above photograph shows the interior of the Town Hall in Penrallt Street shortly before its demolition in 1968. The dimensions of the hall as specified by the Machynlleth Urban District Council shortly after purchasing the hall in 1908 were as follows: Length 52 feet, width 35 feet. Seating accommodation 800. Size of platform: width 35 feet, depth 15 feet. By 1914, the Town Hall had become the first cinema in the history of the town. John Codman who ran the cinema was responsible for converting a room above the gallery into a suitable place for his equipment. It was in late 1914 that the slots were created above the gallery for Mr Codman to show his films. His venture was not a success, however, and by 1918 Herbert Jackson obtained an agreement from the Council to show 'cinematograph entertainments'.

Mae'r llun uchod yn dangos tu mewn i Neuadd y Dref yn Heol Penrallt ychydig cyn iddi gael ei dymchwel ym 1968. Dyma fesuriadau Neuadd y Dref yn ôl y Cyngor Dosbarth Trefol yn fuan wedi iddo ei phwrcasu ym 1908. Hyd 52 troedfedd, lled 35 troedfedd. Eisteddle: 800. Maint y llwyfan: lled 35 troedfedd, dyfnder 15 troedfedd. Erbyn 1914, Neuadd y Dref oedd y sinema gyntaf yn hanes y dref. John Codman, a redai'r sinema, oedd yn gyfrifol am droi'r ystafell uwchben yr oriel yn fan addas ar gyfer ei offer. Tua diwedd 1914, ffurfiwyd agennau uwchben yr oriel i alluogi Mr Codman i ddangos ei ffilmiau. Er hynny, ni fu'r fenter yn llwyddiant, ac erbyn 1918, 'roedd Herbert Jackson wedi derbyn cytundeb oddiwrth y Cyngor i ddangos 'adloniannau sinematograff'.

6. Court House: *Y Llys.*

This is one of three buildings of medieval origin still existent in Machynlleth. The building at the eastern end of Maengwyn Street formed the Court House of the Lordship of Cyfeiliog. The Lords of the Manor from 1635 to 1754 were the Pughs of Mathafarn. The Court House bears the inscription '1628 Owen Pugh io uxor'. The date refers to a major rebuilding of an older structure. Cruck timbers of the medieval building still remain. The Pughs of Mathafarn held the title of Mayor of Machynlleth in the late 1500s and that connection possibly explains why this building has also been referred to as 'the Mayor's House'.

Dyma un o'r tri adeilad o'r cyfnod canol oesol sy'n dal i fodoli ym Machynlleth. Yn yr adeilad hwn ar ben dwyreinol Heol Maengwyn y cynhaliwyd Llys Arglwyddiaeth Cyfeiliog. Teulu'r Pughiaid o Fathafarn oedd Arglwyddi'r Faenor o 1635 hyd 1754. Ar yr adeilad gwelir yr arysgrif '1628 Owen Pugh io uxor'. Cyfeiria'r dyddiad at yr ail-adeiladu sylweddol a fu ar yr hen adeilad. Mae'r coed nenffyrchog sydd mor nodweddiadol o adeiladu'r canol oesoedd i'w gweld o hyd. Perthynai'r teitl Maer Machynlleth i deulu Pugh Mathafarn hyd diwedd yr unfed ganrif ar bymtheg, ac mae'n bosib mai'r cysylltiad hwnnw sy'n gyfrifol am y cyfeirio at yr adeilad hwn fel 'Tŷ'r Maer'.

7. Royal House.

This is a medieval building situated in Penrallt Street and the Garsiwn Lane. The earliest documentary evidence for the building is dated 1581, although tradition relates that David Gam was imprisoned here between 1404 and 1412 for attempting to assassinate Owain Glyndwr. The name 'Royal House' probably refers to the tradition that Charles I stayed at the house in 1643. The above photograph shows the Georgian shop in the gable end of Royal House in Penrallt Street decorated for the visit of the Prince of Wales in 1896.

Adeilad canol oesol yw hwn yn Heol Penrallt a Ffordd y Garsiwn. Mae'r dystiolaeth ddogfennol gynharaf am yr adeilad yn dyddio nôl i 1581, er bod traddodiad yn mynnu i Dafydd Gam fod yn garcharor yno rhwng 1404 a 1412 am geisio lladd Owain Glyndwr. Mae'n debyg iddo gael yr enw 'Royal House' oherwydd i Siarl 1, yn ôl traddodiad eto, aros yno ym 1643. Dengys y llun uchod y siop Georgaidd ar dalcen 'Royal House' ar Heol Penrallt wedi'i haddurno gogyfer ag ymweliad Tywysog Cymru ym 1896.

8. Royal House. The Bed: *Y gwely.*

The bed, formerly at Royal House, which tradition maintains was prepared for Charles 1 in 1643. Samuel Lewis in his *Topographical Dictionary of Wales*, published in 1833, says: Charles 1, on his route to Chester, had a bed prepared for him in a house called 'The Garrison'. Cyfeiliog, in western Montgomeryshire, remained staunch royalists during the Civil War and Mathafarn was a royalist stronghold. It seems logical that Charles would have stayed in the town rather than at Mathafarn which was likely to be under parliamentarian surveillance. Machynlleth, eventually, suffered badly as a result of its loyalty and was partially destroyed by the parliamentary forces that burnt down Mathafarn on November 29th 1644.

Yn ôl hanes huliwyd y gwely hwn yn Royal House ar gyfer Siarl 1 ym 1643. Dywed Samuel Lewis yn ei lyfr *Topographical Dictionary of Wales* a gyhoeddwyd ym 1833, 'Cafodd Siarl 1 wely wedi'i baratoi ar ei gyfer mewn tŷ o'r enw 'Y Garsiwn'. Yn ystod y Rhyfel Cartref daliai Cyfeiliog yng Ngorllewin Sir Drefaldwyn i fod yn ffyddlon i'r frenhiniaeth ac 'roedd Mathafarn yn gadarnle i achos y Goron. 'Roedd yn naturiol i Siarl 1 aros yn y dref yn hytrach nag ym Mathafarn gan ei bod bur debyg bod Mathafarn o dan wyliadwriaeth y Senedd. Yn ddiweddarach dioddefodd Machynlleth yn enbyd fel canlyniad i'r teyrngarwch hwn, ac o'r herwydd dinistriwyd rhannau o'r dref gan luoedd y Senedd a fu'n gyfrifol am losgi Mathafarn hefyd ar Dachwedd 29 ain, 1644.

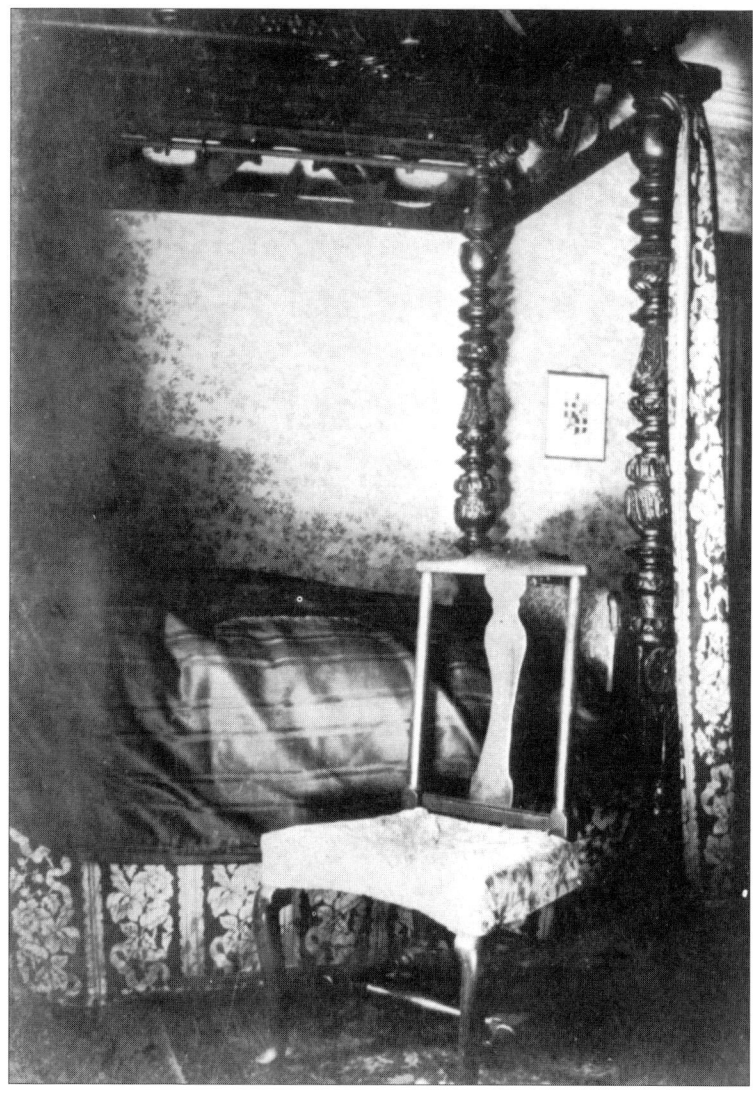

The Old Parliament Houses, 1402.

THESE houses are portions of the ancient structure buil (1402-1404) for Owain Glyndwr's parliament, and are now to be seen opposite the entrance to the Plas grounds, in Maengwyn Street.

Glyndwr had not only his senate house, great seal, privy seal, and coined money, but also his Royal Household, Privy Council, Lord Chancellor, Secretary of State, &c. Untoubtedly, these houses were OWAIN'S STATE OFFICES. It is not known whether he was in the senate house, or in one of the state offices, when David Gam attempted to assassinate him.

Referring to this, an able historian wrote—" In this attempt, however, he was happily frustrated by a timely discovery of his treachery, and, being seized and imprisoned, would have been instantly executed but for the intercession of Owain's most zealous friends and partisans."

Further on, the same famous writer addeth—" In resentment for his treachery, Owain burnt his house, and laid waste his lands, and detained him in confinement at Machynlleth till the year 1412."—E.J.

9. Owain Glyndwr Parliament House: *Sennedd-dy Owain Glyndwr.*

Machynlleth's place in Welsh history is connected with Owain Glyndwr, the last Prince of Wales to rebel against the English. The row of cottages in Maengwyn Street were believed to have been created from the medieval structure which housed Owain Glyndwr's parliament in 1404. In a letter, dated March 31st 1406, to the King of France, Owain expressed a wish for a Welsh Church under the leadership of the Archbishop of St David's which would be free from the oppression of Canterbury. In this letter which was written at Pennal, Owain also expressed a wish for two universities in Wales.

Mae lle Machynlleth yn hanes Cymru wedi'i sicrhau oherwydd ei chysylltiad ag Owain Glyndwr, tywysog olaf Cymru i wrthryfela yn erbyn y Sais. Credir bod y rhes dai yn Heol Maengwyn wedi'u haddasu o'r adeilad canol oesol y cynhaliwyd Senedd Owain Glyndwr ynddo ym 1404. Mewn llythyr at Frenin Ffrainc, dyddiedig Mawrth 31ain, 1406, mynegodd Owain Glyndwr ei ddyhead am weld Eglwys Gymreig o dan arweiniad Archesgob Tŷ Ddewi, a honno'n rhydd o ormes Caergaint. Yn y llythyr hwn a ysgrifennwyd ym Mhennal, mynegodd Owain ei obeithion am weld dwy brifysgol yng Nghymru hefyd.

10. Owain Glyndwr Institute and Parliament House:
Sefydliad Owain Glyndwr a'r Senedd-dy.

In 1910, David Davies of Llandinam who was a grandson of David Davies, the railway contractor and colliery owner, approached the Machynlleth Urban District Council stating that he wished to restore the parliament building to its former glory and create an institute where young people could meet. The keys were handed to the Council by Mrs Amy Davies, wife of David Davies, on February 20th 1912. The parliament building now contains an Owain Glyndwr Interpretive Centre.

Ym 1910 mynegodd David Davies, Llandinam, ŵyr i David Davies y contractiwr rheilffordd a'r perchennog pwll glo, ei ddymuniad i Gyngor Dosbarth Trefol Machynlleth i adfer adeilad y senedd-dy i'w hen ogoniant, a chreu ynddo sefydliad lle y gallai pobl ifanc gyfarfod. Cyflwynwyd yr agoriadau i'r Cyngor gan Mrs Amy Davies, gwraig David Davies ar Chwefror 20fed, 1912. Erbyn heddiw mae adeilad y senedd-dy yn cynnwys Canolfan Ddehongli Owain Glyndwr.

11. The Londonderry Hospital and the Almshouses:
Ysbyty Londonderry a'r Elusendai.

The Londonderry Hospital in Doll Street was originally erected as the Vane Infants School to celebrate the birth of Charles Stewart Vane-Tempest on July 16th 1852. He was the son and heir of the Earl Vane (later the 5th Marquess of Londonderry) of Plas Machynlleth. The building was converted into the Londonderry Hospital in 1892. It was closed in 1935 with the opening of the Machynlleth, Corris and District Hospital. The Almshouses on the right also had a Plas Machynlleth connection and were erected in 1868 by Mary Cornelia, Countess Vane (later the Marchioness of Londonderry.) They were let, rent free, to widows and the indigent poor. A War Memorial was constructed on the land to the rear of the children in 1924.

Ysgol Babanod Vane a adeiladwyd i ddathlu genedigaeth Charles Stewart Vane-Tempest ar Orffennaf 16eg, 1852, oedd Ysbyty Londonderry yn Heol y Doll yn wreiddiol. Ef oedd mab ac etifedd yr Iarll Vane (5ed Ardalydd Londonderry yn ddiweddarach) o Blas Machynlleth. Addaswyd yr adeilad i fod yn Ysbyty Londonderry ym 1892. Caewyd hi ym 1935 pan agorwyd Ysbyty Machynlleth, Corris a'r Cylch. 'Roedd cysylltiad rhwng yr Elusendai ar y dde â Phlas Machynlleth hefyd. Codwyd hwy ym 1868 gan Mary Cornelia, yr Iarlles Vane (Ardalyddes Londonderry yn ddiweddarach). Cawsent eu gosod yn ddi-dâl i wragedd gweddwon a thlodion. Ym 1924, codwyd Cofeb y Milwyr ar y tir y tu ôl i'r plant.

MACHYNLLETH WAR MEMORIAL, UNVEILING SERVICE. APRIL 10. 1924.

12. The War Memorial: *Cofeb y Milwyr.*

The unveiling service of the War Memorial on April 10th 1924 to commemorate those who had died in the First World War. The Memorial was designed by J.Leonard Williams and was constructed of imported Bryscom stone embellished with polished Aberdeen marble columns, caps and base. A further name plate was added later with the names of those who gave their lives in the Second World War.

Cynhaliwyd gwasanaeth dadorchuddio Cofeb y Milwyr ar Ebrill 10ed, 1924, i gofio'r rhai a gollwyd yn y Rhyfel Byd Cyntaf. Cynlluniwyd y Gofeb gan J.Leonard Williams. Mewnforiwyd carreg Bryscom i'w chodi, ac fe'i haddurnwyd â cholofnau, capiau a gwaelodion o farmor caboledig Aberdeen. Yn ddiweddarach ychwanegwyd plât ac arno enwau'r rhai a gollwyd yn yr Ail Ryfel Byd.

photo/llun : Gyde & Pickford

13. The Red Cross Hospital: *Ysbyty Groes Goch.*

This was opened in 1917 following the conversion of the Machynlleth Workhouse. The photograph shows wounded soldiers from the First World War and the staff. Dr A.O.Davies and the Matron, Mrs Gertrude Bonsall of Galltyllan, are seated in the centre of the second row.

Ym 1917 addaswyd Tloty Machynlleth i fod yn Ysbyty. Yn y llun hwn mae milwyr clwyfedig o'r Rhyfel Byd Cyntaf yn ogystal ag aelodau o'r staff. Gwelir y meddyg, A.O.Davies, a'r Metron, Mrs Gertrude Bonsall, Galltyllan, yn eistedd ar ganol yr ail res.

photo/llun : Gyde & Pickford

14. General View of the Red Cross Hospital (c1917):
Golygfa Gyffredinol o Ysbyty'r Groes Goch (c1917).

The wounded soldiers near the gate of the hospital. After the war, it became the King Edward VII Memorial Hospital and, later, the Machynlleth Chest Hospital.

Mae milwyr clwyfedig yn sefyll ger mynedfa'r Ysbyty. Wedi'r rhyfel galwyd hi yn Ysbyty Goffa Iorwerth VII, ac yna'n ddiweddarach yn Ysbyty'r Frest Machynlleth.

15. The Machynlleth, Corris and District Hospital: *Ysbyty Machynlleth, Corris a'r Cylch.*

The opening ceremony of the Hospital was on April 25th 1935. The top table included J.M.Howell, Mrs Gertrude Bonsall, David Davies, Llandinam (standing), Mrs Ellen M.Owen and Lloyd Owen Owen. The moves to build a new hospital began in June 1933 when plans were displayed and committee meetings held under the chairmanship of Lloyd Owen Owen of Garthgwynion. Fetes were organised and subscriptions collected from all over the district.

Cynhaliwyd seremoni agor yr Ysbyty ar Ebrill 25ain, 1935. Yn eistedd wrth y prif fwrdd 'roedd J.M.Howell, Mrs Gertrude Bonsall, David Davies, Llandinam (yn sefyll), Mrs Ellen M. Owen a Lloyd Owen Owen. Dechreuwyd ar y trefniadau i godi ysbyty newydd ym Mehefin 1933 pan ddangoswyd y cynlluniau a chynhalwyd cyfarfodydd o dan gadeiryddiaeth Lloyd Owen Owen, Garthgwynion. Trefnwyd gweithgareddau a chasglwyd tanysgrifiadau o bob rhan o'r ardal.

16. Dovey Bridge and the Dovey Valley: *Pont ar Ddyfi a Bro Ddyfi.*

The Dovey Bridge was built over the nearest fording point to the sea on the River Dovey and it was a major factor in the siting of Machynlleth. The town was built on the edge of the Dovey Flood Plain and the road from the town to the bridge crossed the flood plain. The first bridge was built across the river at this point in 1533 when Geoffrey Hughes, a merchant tailor of London, left £6.13.4d ' towards the making of a bridge at the towne of Mathanleth in Wales'. The first bridge was wooden and appears to have been sturdy because it was not until 1681 that the Quarter Sessions reported the bridge as inadequate. A stone bridge was built to replace it.

Adeiladwyd Pont ar Ddyfi dros y man rhydio agosaf at y môr ar yr Afon Ddyfi, ac yr oedd yn un o'r prif ffactorau a gyfrau am leoliad tref Machynlleth. Adeiladwyd y dref yn ymyl gwastadedd llif y Ddyfi ac mae'r ffordd o'r dref i'r bont yn croesi gwastadedd y llif. Adeiladwyd y bont gyntaf dros yr afon yn y man arbennig hyn ym 1533 pan adawodd Geoffrey Hughes, teiliwr a marsiandwr o Lundain £6.13.4d 'towards the making of a bridge at the towne of Mathanleth in Wales'. Pont bren oedd yr un gyntaf ac mae'n debyg ei bod yn un gref oblegid ni chondemniwyd y bont honno fel un annigonol gan y Llys Chwarter tan 1681. Adeiladwyd pont garreg yn ei lle.

17. Dovey Bridge: *Pont ar Ddyfi.*   *photo/llun: Patrick Smith*

The present bridge was built in 1805 at a cost of £250.15.0 paid for in forty quarterly instalments shared between the counties of Merionethshire and Montgomeryshire. The bridge was built on dry land and the river diverted to run under it.

Adeiladwyd y bont bresennol ym 1805 am y swm o £250.15.0, a dalwyd mewn deugain o daliadau chwarterol yn rhannog rhwng Sir Feirionnydd a Sir Drefaldwyn. Codwyd y bont ar dir sych ac yna newidiwyd cwrs yr afon i fynd odditani.

18. Pentrerhedyn Street looking towards the Town Clock:
Heol Pentrerhedyn yn edrych i gyfeiriad y cloc.

This view shows the trees planted in 1873 with the surplus money collected for the building of the Town Clock. The building on the extreme left is Bodlondeb, one of the finest houses in the town. It is an example of a Georgian town house which was built as a rectory very early in the 1800s. Tradition maintains that the Rev'd George Venables, the rector of Machynlleth, considered that the building was far too convenient for his sons to visit the White Lion next door. He persuaded the church authorities to build a new rectory on the outskirts of the town in the mid 1800s.

Ym 1873 plannwyd y coed a welir yn yr olygfa hon gyda gweddill yr arian a gasglwyd i godi Cloc y Dref. Bodlondeb yw'r tŷ ar y chwith eithaf, un o'r tai hyfrytaf yn y dref ac enghraifft o dŷ trefol Georgaidd. Rheithordy o ddechrau'r bedwaredd ganrif ar bymtheg oedd yr adeilad hwn yn wreiddiol. Yn ôl traddodiad dywedir fod y Rheithor, y Parchedig George Venables, yn sylweddoli fod lleoliad y tŷ yn ei gwneud yn llawer rhy gyfleus i'w feibion ymweld â'r Llew Gwyn, y drws nesaf. Cafodd berswâd ar awdurdodau'r eglwys i adeiladu rheithordy newydd ar gyrion y dref yng nghanol y ganrif ddiwethaf.

19. Maengwyn Street: *Heol Maengwyn (c1904).*

This is a view of Maengwyn Street at the turn of the century. On the extreme right is the National Provincial Bank of England Ltd with its iron railings which were removed during the last war. The bank buildings also included the Post Office and John Evans, ironmonger and general dealer. The Post Office moved to its site next to the Wynnstay Hotel on March 4th 1910. The Georgian houses next to the bank were still used as dwelling houses although by the end of the decade, John Evans had converted the first of the houses, next to Bank Lane, into a shop. John A. Evans's shop on the left contains an advertisement for petrol (a licence to sell petroleum was granted to him by the Council on June 3rd 1902). The Cross Pipes Inn building is standing in the middle left of the photograph. It was demolished to make way for a new road to the Council School in 1905.

Dyma olygfa o Heol Maengwyn ar droad y ganrif. Ar y dde eithaf gwelir Banc y National Provincial gyda'r rheiliau o'i flaen a dynnwyd yn ystod y rhyfel diwethaf. 'Roedd adeiladau'r banc yn cynnwys Swyddfa'r Post a siop John Evans 'Ironmonger and General Dealer'. Symudwyd Swyddfa'r Post i'w safle drws nesaf i'r Wynnstay ar Fawrth 4ydd, 1910. Parhawyd i ddefynddio'r tai Georgaidd wrth ochr y banc fel cartrefi er bod John Evans wedi troi'r cyntaf o'r tai ger Ffordd y Banc yn siop erbyn diwedd y degawd. Mae siop John A. Evans ar y chwith yn arddangos hysbyseb am betrol (caniatawyd trwydded gwerthu petrol iddo gan y Cyngor ar Fehefin 3ydd 1902). Gwelir fod adeilad Tafarn y Cross Pipes yn dal ar ei draed ar ganol ochr chwith y llun. Dymchwelwyd ef i wneud lle i'r ffordd newydd a arweiniai at Ysgol y Cyngor ym 1905.

Doll Street Machynlleth

20. Doll Street: *Heol y Doll.*

This view of Doll Street was taken in the early 1900s. John Jones's Dovey Monumental Works is on the right. In the 1911 Guide to Machynlleth, he had expanded his business to include a motor car for hire and the re-charging of accumulators. The site was eventually purchased by H.G. Jones, the founder of the town's largest motor garage business. Railway Terrace on the right was built in 1901. Opposite is the boundary wall of the National School (1829). Beyond are the Georgian weavers' cottages built in 1828. There is a potential customer gazing into the shop window of Jane Elizabeth Mercer's grocery shop and cafe at No. 15. Mrs Mercer kept the shop between 1897 and 1935; it was later kept by Ethel Jones. The building in the middle distance is the Glyndwr Hotel.

Dyma lun a dynnwyd o Heol y Doll ar ddechrau'r ganrif hon. Mae Gwaith Beddfeini John Jones ar y dde. Yn ôl y 'Guide to Machynlleth' 1911, 'roedd wedi ehangu'i fusnes i gynnwys hurio ceir ac ail-drydanu cronaduron. Yn ddiweddarach, prynwyd y safle gan H.G. Jones, sylfaenydd busnes modurdy mwya'r dre. Adeiladwyd 'Railway Terrace' ar y dde ym 1901. Ar ei chyfer gwelir y wal a amgylchynai'r Ysgol Genedlaethol (1829). Yr ochr draw mae bythynnod gwehyddion Georgaidd a adeiladwyd ym 1828. Mae darpar gwsmer yn syllu i ffenestr siop groser a chaffi Jane Elizabeth Mercer yn Rhif 15. Cadwyd y siop gan Mrs Mercer o 1897 hyd 1935, ac yna'n ddiweddarach gan Ethel Jones. Ymhellach i ffrwdd yn y canol gwelir Gwesty'r Glyndŵr.

photo/llun : George & Son

21. Penrallt Street: *Heol Penrallt.*

This view was taken from the Gruthun c.1908. The street scene has changed very little during the past century. The house on the extreme left, with the verandah, was occupied by Miss Beatrice Davies, daughter of J.B.Davies the ironworks. She gave music lessons to generations of Machynlleth children until the 1950s. Immediately, beyond the gateway to the Tabernacle, Wesleyan Chapel, is Llyfnant House which is displaying the barber's pole of the Rev'd David Smith, hairdresser and lay preacher. He was also the leader of the Machynlleth Cycling Club founded in the 1890s. Next door is the Leicester House Temperance Hotel, kept by Mrs E.E.Roberts, which catered especially for touring cyclists. An evening meal, bed and breakfast cost four shillings (20p).

Tynnwyd y llun hwn o'r Gruthun tua 1908. Ni newidiodd yr olygfa o'r stryd rhyw lawer yn ystod y ganrif. Yn y tŷ ar y chwith gyda'r feranda eithaf trigai Miss Beatrice Davies, merch J.B.Davies y gwaith haearn. Bu'n rhoi gwersi piano i genedlaethau o blant Machynlleth hyd y '50 au. Yn union wedyn, yr ochr draw i fynedfa'r Tabernacl, y Capel Wesle, mae Llyfnant House, sy'n arddangos arwydd siop barbwr y Parchedig David Smith, triniwr gwallt a phregethwr cynorthwyol. Ef hefyd oedd arweinydd Clwb Beicio Machynlleth a sefydlwyd yn y 1890 au. Y drws nesaf gwelir y 'Leicester House Temperance Hotel' a gedwid gan Mrs E.E. Roberts a baratoai'n arbennig ar gyfer beicwyr ar daith. Costiai pryd nos, gwely a brecwast bedwar swllt (20c).

22. Penrallt House: *Ty Penrallt*.   *Evan Jones, Maglona Series*

This was the home of the Foulkes family who first came to Machynlleth in 1790. Thomas Foulkes (1731 - 1802) made a success of his business and made annual contributions of 'not less than £100' to the poor and needy of the town. His daughter Lydia married John Jones, a druggist from Frondeg near Wrexham, and they established the pharmacy business that still trades in Pentrerhedyn Street. Penrallt House was also the home of Dr Alfred.O.Davies, the Welsh international footballer, in the 1890s. The last occupant was Major R.H.Jones-Evans who was an agent to the Marquess of Londonderry and a former chairman of the Machynlleth Urban District Council. It was demolished during the summer 1971 and new houses built on the site.

Dyma gartref y teulu Foulkes a ddaeth i Fachynlleth yn wreiddiol yn 1790. 'Roedd Thomas Foulkes yn berchen ar fusnes llwyddiannus a chyfranai swm o ganpunt neu fwy yn flynyddol i'r tlawd a'r anghenus yn y dref. Priododd ei ferch, Lydia, John Jones fferyllydd o'r Frondeg ger Wrecsam a sefydlasant fferyllfa a welir hyd heddiw yn Heol Pentrerhedyn. Bu Tŷ Penrallt yn gartref hefyd i'r Dr Alfred O. Davies, chwaraewr peldroed rhyngwladol Cymreig rhwng 1885 a 1890.Y deiliad diwethaf oedd yr Uwch-gapten R.H.Jones-Evans asiant i'r Ardalydd Londonderry a chyn-gadeirydd Cyngor Dosbarth Trefol Machynlleth. Dymchwelwyd ef yn ystod haf 1971 a chodwyd tai newydd ar y safle.

23. The Solicitor's Office, Maengwyn Street: *Swyddfa'r Cyfreithwyr, Heol Maengwyn.*

The above building was a solicitor's office in Machynlleth for almost a century. Hugh Davies had practised in Machynlleth since the early 1800s and, in 1845, he took David Howell into partnership. On Hugh Davies's death in 1850, Howell entered into partnership with Edward Morgan and the firm occupied the former Black Lion Inn premises (above). David Howell became prominent in the late 1850s in the movement to provide a railway between Machynlleth and Newtown. By the year 1890, when David Howell died, the practice was known as Howell, Evans and Gillart. David Evans became the first clerk to the Machynlleth Urban District Council at its first meeting in January 1895. E.P.Humphreys, founder of Humphreys and Parsons, was a solicitor with Edmund Gillart until the latter's death in 1932. The building was occupied by the General Post Office (G.P.O) from the mid 1930s to the mid 1950s when it was demolished and a new building erected on the site which was occupied by Manweb. The ladies in this mid 1950s photograph were Eleanor Thomas (left) and Blodwen Jones.

Bu'r adeilad uchod yn Swyddfa cyfreithwyr ym Machynlleth am tua chanrif. Bu Hugh Davies yn berchen ar bractis ym Machynlleth ers dechrau'r 1800au, ac ym 1845 daeth David Howell yn bartner iddo. Pan fu farw Hugh Davies ym 1850, ffurfiwyd partneriaeth cyd-rhwng Howell ac Edward Morgan, a lleolwyd y cwmni yn adeilad cyn-westy'r Llew Du (uchod). Daeth David Howell i amlygrwydd ar ddiwedd y 1850au yn y mudiad i hawlio rheilffordd rhwng Machynlleth a'r Drenewydd. Erbyn 1890, pan fu farw David Howell, adnabuwyd y practis fel 'Howell, Evans and Gillart'. David Evans oedd clerc cyntaf Cyngor Dosbarth Trefol Machynlleth yn ei gyfarfod cyntaf yn Ionawr 1895. Parhaodd Edmund Gillart i weithio mewn partneriaeth a David Evans hyd 1905. 'Roedd E.P.Humphreys yn gyfreithiwr gydag Edmund Gillart hyd farwolaeth Gillart yn 1932. Lleolwyd y Swyddfa Bost Gyffredinol (G.P.O) yn yr adeilad o ganol y 30au hyd ganol y 50au pryd y cafodd ei ddymchwel. Ar y safle codwyd adeilad newydd a ddefnyddiwyd gan Manweb. Y gwragedd yn y llun yma o ganol y 50au yw Eleanor Thomas (chwith) a Blodwen Jones.

24. Plas Machynlleth.

This photograph shows Plas Machynlleth in the 1890s. It was a building which had undergone several building phases. The date 1653 on the front related to the original house, Greenfields, and it was remodelled about 1770. The Gothic style South wing was added in the early 1800s. The name Plas Machynlleth was introduced in the 1840s after Sir John Edwards had purchased and demolished Lledfair Hall which was located between Greenfields and the Smithy. It was in 1846 that Mary Cornelia Edwards, the only child of Sir John and Lady Edwards of Greenfields, married the second Earl Vane and Viscount Seaham, Henry Vane-Tempest. Sir John died in 1850 and further additions to the Plas building were made in 1853 by the Earl and Countess Vane who in 1872 inherited the Londonderry title.

Llun yw hwn o Blas Machynlleth yn y 1890au. Dyma adeilad a adnewyddwyd lawer gwaith. Mae'r dyddiad 1653 ar ei du blaen yn perthyn i'r adeilad gwreiddiol, Greenfields, a gafodd ei ail-gynllunio yn 1770. Ychwanegwyd aden dde'r tŷ yn y cynllun Gothig ar ddechrau'r bedwaredd ganrif ar bymtheg. Yn y 1840au prynodd a dymchwelodd Syr John Edwards Lledfair Hall a leolwyd rhwng Greenfields a'r Efail, a dyna pryd y newidiwyd yr enw i Blas Machynlleth. Yn 1846 priododd Mary Cornelia Edwards, unig ferch Syr John a'r Fonesig Edwards, Greenfields, a'r Is-iarll Seaham, Henry Vane-Tempest. Bu Syr John farw yn 1850, a gwnaed ychwanegiadau pellach i adeilad y Plas yn 1853 gan yr Iarll a'r Iarlles Vane a etifeddodd y teitl Londonderry yn 1872.

25. Llynlloedd.

This is a large country house situated near the southern edge of the town and dating from the 1600s. Various alterations were carried out about 1700, during the late 1700s, and an enlargement took place during the 1800s. Llynlloedd was the home of the Owen family. Rowland Owen was Sheriff of Montgomeryshire in 1611 and his son, Thomas Owen, was Mayor of Machynlleth in 1623. A direct descendant was Richard Nixon, president of the U.S.A. The property eventually passed to Sir John Edwards and it became the home farm of the Plas Estate. The photograph, taken about 1920, shows Sir John's grandson, Lord Herbert Vane-Tempest (holding dog), with the Plas Machynlleth Foxhounds outside Llynlloedd. David Hughes, the huntsman, is standing second from the right.

Mae hwn yn dŷ gwledig mawr wedi'i leoli ar ffin ddeheuol y dref ac yn dyddio nôl i'r unfed ganrif ar bymtheg. O gwmpas 1700 ac eto ar ddiwedd y ganrif honno gwnaed cryn newidiadau iddo, ac ychwanegwyd ymhellach ato yn ystod y ganrif ddiwethaf. Llynlloedd oedd cartref yr Oweniaid. 'Roedd Rowland Owen yn Siryf Sir Drefaldwyn yn 1611, a bu ei fab Thomas Owen yn Faer Machynlleth yn 1623. 'Roedd Richard Nixon, Arlywydd Unol Dalieithau'r America, yn ddisgynnydd uniongyrchol o'r teulu hwn. O dipyn i beth daeth y lle yn eiddo i Syr John Edwards, a datblygodd i fod yn fferm deulu Stad y Plas. Tynnwyd y llun hwn oddeutu 1920, a gwelir ŵyr Syr John, yr Arglwydd Herbert Vane-Tempest (yn dal ci). Mae David Hughes, yr heliwr, yn sefyll yn yr ail safle o'r dde.

Plas Machynlleth

26. John Edwards (1770 - 1850).

Sir John Edwards of Greenfields, Machynlleth, inherited through his mother the Garth Estate near Llanidloes which included the Van Mines. He became the M.P for Montgomery Boroughs and used the wealth gained from the Van lead mines to develop a large estate centred on Greenfields. In the 1840s, he demolished the nearby Lledfair Hall. Greenfields was renamed Plas Machynlleth. He married Harriet, widow of John Owen Herbert of Dolforgan, in 1825 and their only child, Mary Cornelia, married George Henry Vane-Tempest who later became the 5th Marquess of Londonderry.

Etifeddodd Syr John Edwards, Greenfields, Stad y Garth ger Llanidloes gan gynnwys gweithfeydd mwyn Y Fan ar ôl ei fam. Daeth yn A.S dros Fwrdeisdref Maldwyn gan ddefnyddio'r cyfoeth a enillodd o weithfeydd Y Fan i ddatblygu Stad fawr a ganolwyd yn y Greenfields. Yn ystod y 1840au dymchwelodd Blas Lledfair a safai gerllaw. Wedi hyn, ail-enwyd Greenfields yn Blas Machynlleth. Priododd Harriet, gweddw John Owen Herbert, Dolforgan ym 1825. Priododd ei hunig blentyn, Mary Cornelia, George Henry Vane-Tempest, a ddaeth yn ddiweddarach yn 5ed Ardalydd Londonderry.

27. Mary Cornelia Edwards (1828 - 1906) :
Marchioness of Londonderry: *Ardalyddes Londonderry.*

Mary Cornelia was the only child of Sir John and Lady Harriet Edwards of Greenfields, later Plas Machynlleth. She married George Henry Vane-Tempest in 1846. He became the 5th Marquess of Londonderry in 1872.

Mary Cornelia was the main influence in making Plas Machynlleth the main seat of the Londonderry family in the second half of the 1800s. The other larger estates at Wynyard Park, near Durham in north-east England, and Mount Stewart in Ireland were visited only occasionally. Londonderry House was the London home of the family.

Mary Cornelia oedd unig blentyn Syr John a'r Fonesig Edwards, Greenfields, Plas Machynlleth yn ddiweddarach. Priododd George Henry Vane-Tempest ym 1846. Daeth ef yn 5ed Ardalydd Londonderry yn 1872.

Dylanwad Mary Cornelia oedd i gyfrif am ddatblygu Plas Machynlleth i fod brif gartref y teulu Londonderry yn ystod ail hanner y 1800au. Yn achlysurol yn unig yr ymwelwyd â'r stadau eraill mwy, sef Wynyard Park ger Durham yng ngogledd-ddwyrain Lloegr, a Mount Stewart yn Iwerddon. Tŷ Londonderry oedd cartre'r teulu yn Llundain.

28. George Henry Vane-Tempest (1821 - 1884) :
5th Marquess of Londonderry of Plas Machynlleth: *5ed Ardalydd Londonderry,*

George Henry was born on April 20th 1821 at Vienna and was the son of Charles, 3rd Marquess of Londonderry and Frances Anne Vane-Tempest.

His two titles when he married Mary Cornelia in 1846 were Viscount Seaham and the second Earl Vane. They had six children. The oldest, Charles Stewart, Viscount Castlereagh, was born in 1852. The Vane Infants School in Doll Street was built to commemorate his birth and the townspeople of Machynlleth erected the Town Clock to commemorate his 21st birthday in 1873.

George Henry was the only Marquess of Londonderry to make Plas Machynlleth his main seat. On his death in 1884, his son Charles became the 6th Marquess and made Wynyard Park his main seat.

Ganwyd George Henry ar Ebrill 20ed 1821 yn Vienna, yn fab i Charles, 3ydd Ardalydd Londonderry a Frances Anne Vane-Tempest.

Pan briododd ef â Mary Cornelia ym 1846 meddai ar ddau deitl, sef Is-iarll Seaham âr Iarll Vane. Ganwyd iddynt chwech o blant. Yr hynaf ohonynt oedd Charles Stewart, Is-iarll Castlereagh, a anwyd ym 1852. I ddathlu'i enedigaeth adeiladwyd Ysgol Babanod Vane yn Heol y Doll, a chododd y trigolion Gloc y Dref i ddathlu'i benblwydd yn 21 oed ym 1873.

George Henry oedd yr unig Ardalydd Londonderry i wneud Plas Machynlleth yn brif gartref iddo. Pan fu farw ym 1884 daeth ei fab Charles yn 6ed Ardalydd ac fe ddaeth Wynyard Park yn brif gartref iddo ef.

29. Lord Henry Vane-Tempest (1854 - 1905): *Yr Arglwydd Henry Vane-Tempest.*

Lord Henry was the second son of the 5th Marquess of Londonderry and Mary Cornelia. He was the first chairman of the Machynlleth Urban District Council after its formation on January 3rd 1895. He made a gift to the Council of its common seal which was adopted by the Council at its meeting on July 2nd 1895. Lord Henry died suddenly on January 28th 1905 at his hunting quarters in Melton Mowbray, Leicestershire.

Yr Arglwydd Henry oedd ail fab 5ed Ardalydd Londonderry a Mary Cornelia. Ef oedd cadeirydd cyntaf Cyngor Dosbarth Trefol Machynlleth a ffurfiwyd ar Ionawr 3ydd 1895. Ef gyflwynodd y sêl gyffredin yn rhodd i'r cyngor ac fe'i mabwysiadwyd yn y cyfarfod a gynhaliwyd ar Orffennaf 2il 1895. Bu farw'r Arglwydd Henry'n sydyn ar Ionawr 28ain, 1905 yn ei annedd hela ym Melton Mowbray, Swydd Caerlŷr.

30. Lord Herbert Vane-Tempest (1862 - 1921): *Yr Arglwydd Herbert Vane-Tempest.*

Lord Herbert was the third son of the 5th Marquess of Londonderry and Mary Cornelia. He continued living at Plas Machynlleth after his mother's death in 1906. He was an intimate friend of King Edward VII and his son King George V. Lord Herbert entertained the latter and Queen Mary at Plas Machynlleth on the occasion of the investiture of the Prince of Wales at Caernarfon Castle in July 1911. During the stay at the Plas, the King laid the foundation stone of the National Library of Wales, Aberystwyth.

Lord Herbert was tragically killed in the Abermule train crash on January 26th 1921.

Yr Arglwydd Herbert oedd trydydd mab 5ed Ardalydd Londonderry a Mary Cornelia. Bu ef yn byw ym Mhlas Machynlleth wedi marwolaeth ei fam ym 1906. 'Roedd yn ffrind mynwesol i'r Brenin Edward VII a'i fab y Brenin George V. Bu'r olaf, ynghyd â'r Frenhines Mary, yn aros ym Mhlas Machynlleth ar achlysur arwisgo Tywysog Cymru yng Nghastell Caernarfon yng Ngorffennaf 1911. Yn ystod yr arhosiad gosododd y brenin garreg sylfaen Llyfrgell Genedlaethol, Aberystwyth.

Lladdwyd yr Arglwydd Herbert mewn damwain drên drychinebus ger Abermiwl ar Ionawr 26ain 1921.

photo/llun: Benjamin Pearce. Machynlleth

31. Lady Alexandrina Vane-Tempest and Wentworth Blackett Beaumont M.P:
Y Fonesig Alexandrina Vane-Tempest a Wentworth Blackett Beaumont A.S.

Lady Aline was the youngest child of the 5th Marquess of Londonderry and Mary Cornelia. She married Wentworth Blackett Beaumont at St George's Chapel, Hanover Square in London, on November 12th 1889. He was the M.P for the Tyneside Division of Northumberland. They later became Viscount and Viscountess Allendale and were the parents of the Hon. Ralph Beaumont of Plas Llwyngwern, Machynlleth.

Y Fonesig Aline oedd plentyn ieuengaf 5ed Ardalydd Londonderry a Mary Cornelia. Ar Dachwedd 12ed 1889 priododd Wentworth Blackett Beaumont yng Nghapel Sant Sior, Sgwar Hanofer, Llundain. Ef oedd yr A.S dros ardal Tyneside yn Northumberland. Yn ddiweddarach daethant yn Is-iarll ac Is-iarlles Allendale, ac yn rieni i'r Anrhydeddus Ralph Beaumont, Plas Llwyngwern, Machynlleth.

32. The visit of the Prince and Princess of Wales to Plas Machynlleth in 1896:
Ymweliad Tywysog a Thywysoges Cymru â Phlas Machynlleth ym 1896.

Back row: left to right.
Lord Penrhyn, Christopher Sykes, Mr Sassoon, Sir Watkin Williams Wynn, The 6th Marquess of Londonderry, The Prince of Wales, Lord Henry Vane-Tempest, The Earl of Powis, Lord Herbert Vane-Tempest, Major General Stanley Clark, Captain N.W. Apperley.
Ladies:
Lady Emily Kingscote, Princess Maud, Dowager Marchioness of Londonderry, Lady Aline Beaumont, Princess of Wales, Princess Victoria, Lady Penrhyn, Lady Williams Wynn.

The Prince of Wales, later Edward VII, stayed at Plas Machynlleth in 1896 on the occasion of his installation as Chancellor of the University at Aberystwyth. The above photograph was taken on the front lawn of the Plas.

Rhes gefn:
Arglwydd Penrhyn, Christopher Sykes, Mr Sassoon, Syr Watkin Williams Wynn, 6ed Ardalydd Londonderry, Tywysog Cymru, Arglwydd Henry Vane-Tempest, Iarll Powys, Arglwydd Herbert Vane-Tempest, Uwchgapten Cyffredinol Stanley Clark, Capten N.W. Apperley.
Gwragedd:
Y Fonesig Emily Kingscote, Y Dywysoges Maud, Ardalyddes (G) Londonderry, Y Fonesig Aline Beaumont, Tywysoges Cymru, Tywysoges Victoria, Y Fonesig Penrhyn, Y Fonesig Williams Wynn.
Tywysog Cymru, yn ddiweddarach Brenin Edward VII, ym Mhlas Machynlleth ym 1896 ar achlysur ei dderbyn yn Ganghellor Coleg Y Brifysgol, Aberystwyth. Tynnwyd y llun uchod ar y lawnt o flaen y Plas.

33. The Staff of Plas Machynlleth c.1890: *Staff Plas Machynlleth tua'r 1890au.*

The Marquess and Marchioness of Londonderry moved most of their staff with them when they went on their frequent visits to Londonderry House in London. When they were not in residence at the Plas, they usually left three staff at home namely a housekeeper, a dairy maid, and a general house servant. When Lady Frances Vane-Tempest stayed at home during her serious illness in 1871, nine staff were left with her. The resident staff at Plas Machynlleth when the Marquess and Marchioness and the family were at home was twenty. These mainly consisted of a butler, head gardener, housekeeper, four ladies' maids, head nurse, footman, under butler, coachman, two grooms, under gardener, dairy maid, governess, scullery maid, under housemaid and kitchen maid.

Byddai'n arferiad gan Ardalydd ac Ardalyddes Londonderry i fynd â'r rhan fwyaf o'u staff i'w canlyn pan aethant ar ymweliadau aml a Thŷ Londonderry yn Llundain. Pan fyddent i ffwrdd o'r Plas arferent adael tri aelod o'r staff ar ôl, sef prif forwyn y tŷ, morwyn y llaethdy ac un gwas tŷ cyffredinol. Pan arhosai'r fonesig Frances Vane-Tempest gartref yn ystod ei salwch difrifol ym 1871, byddai naw aelod o'r staff yn aros gyda hi. 'Roedd ugain aelod o staff ym Mhlas Machynlleth fel rheol pan fyddai'r Ardalydd a'r Ardalyddes gartref sef y prif was, prif arddwr, prif forwyn tŷ, pedair morwyn i'r boneddigesau, prif nyrs, gwas (mewn lifrai), is-brif was, coetsmon, dau wastrawd, is-arddwr, morwyn y llaethdy, athrawes breifat, morwyn y gegin ngefn, is-forwyn a morwyn y gegin.

34. The funeral of Mary Cornelia: *Angladd Mary Cornelia.*

Mary Cornelia, Dowager Marchioness of Londonderry, died on September 19th 1906. Her influence over Machynlleth in the second half of the nineteenth century was colossal. Several buildings remain in Machynlleth as monuments to her benevolence. She was buried in the family vaults at St Peter's Church on September 24th 1906. His Majesty, King Edward VII, gave permission for a special service to be held at the Chapel Royal, St James's, at the hour of the funeral in Machynlleth.

Bu farw Mary Cornelia, Ardalyddes (Gweddw) Londonderry ar Fedi 19eg, 1906. 'Roedd ei dylanwad ar fywyd Machynlleth yn ystod ail hanner y bedwaredd ganrif ar bymtheg yn anferth. Mae nifer o adeiladau ym Machynlleth yn tystio i'w haelioni. Claddwyd hi yng nghromgell y teulu yn Eglwys Sant Pedr ar Fedi 24ain, 1906. Rhoddodd y Brenin Edward VII ganiatâd i wasanaeth arbennig gael ei gynnal yn y Nghapel Brenhinol Sant Iago ar awr ei hangladd ym Machynlleth.

35. Floral Tributes to Mary Cornelia: *Torchau teyrnged i Mary Cornelia.*

The large carriage piled high with wreaths which followed the funeral cortege of Mary Cornelia on September 24th, 1906.

'Roedd y cerbyd mawr a orchuddiwyd gan dorchau niferus iawn yn canlyn cynhebrwng Mary Cornelia ar Fedi 24ain, 1906.

photo/llun : Esther Davies. Machynlleth

36. The Royal Visit to Plas Machynlleth, July 14th to 17th, 1911:
Ymweliad Brenhinol â Phlas Machynlleth, Gorffennaf 14eg hyd yr 17eg, 1911.

A month after the coronation of His Majesty King George V, their Majesties King George and Queen Mary together with the Prince of Wales and Princess Mary visited their close personal friend Lord Herbert Vane-Tempest at Plas Machynlleth. A group photograph was taken outside the front of the Plas.
Left to right (standing): Mr R.W. Henry, The Right Hon. Lord Revelstoke, The Prince of Wales, The Marquess of Londonderry, His Majesty King George V, Lord Herbert Vane-Tempest, The Hon. C. Legge, Major C. Wigram, Mr R. Gillart. Seated: Lord Stamfordham, Mrs Sneyd, Princess Mary, Her Majesty Queen Mary, The Marchioness of Londonderry, Lady Bertha Dawkins.

Fis wedi coroni Ei Fawrhydi Brenin Sior V, daeth ef a'r Frenhines Mary ynghyd â Thywysog Cymru a'r Dywysoges Mary i ymweld â'u cyfaill personol yr Arglwydd Herbert Vane-Tempest ym Mhlas Machynlleth. Tynnwyd llun grŵp o flaen y Plas. O'r chwith i'r dde (yn sefyll): R.W. Henry, Y Gwir Anrhydeddus Arglwydd Revelstoke, Tywysog Cymru, Ardalydd Londonderry, Ei Fawrhydi Brenin Sior V, Arglwydd Herbert Vane-Tempest, Yr Anrhydeddus C. Legge, Uwchgapten C. Wigram, Mr R. Gillart. Yn eistedd: Arglwydd Stamfordham, Mrs Sneyd, Y Dywysoges Mary, Ei Mawrhydi Frenhines Mary, Ardalyddes Londonderry, Y Fonesig Bertha Dawkins.

37. The Royal Visit 1911: *Yr Ymweliad Brenhinol 1911.*

The Royal Party arrived at Machynlleth station on Friday July 14th. The royal procession proceeded along Doll Street past the National School children on the right who sang the National Anthem. The girl waving the handkerchief on the pavement was Winifred Jones.

Cyrhaeddodd yr osgordd brenhinol orsaf Machynlleth ar Ddydd Gwener Gorffennaf 14eg. Teithiodd yr orymdaith ar hyd Heol y Doll, heibio i blant yr Ysgol Genedlaethol ar y dde oedd yn canu'r anthem genedlaethol. Winifred Jones oedd y ferch a safai ar y pafin yn chwifio'i hances.

THE CHAIRMAN, VICE CHAIRMAN, CLERK & MEDICAL OFFICER OF MACHYNLLETH PRESENTED TO THE KING.

38. Royal Visit 1911: *Ymweliad Brenhinol 1911.*

The Royal Party stopped at the Machynlleth Town Clock to meet members and officials of the Machynlleth Urban District Council who were waiting on a platform erected under the Clock Tower. The Chairman, Mr Evan Humphreys, was accompanied by his sister, Miss Mary Humphreys. The other councillors and officials present were Councillor R. Llewelyn Jones, vice-chairman, John M. Breese, Dr W. Williams, Richard Gillart, Tom Parsons, Henry Lewis, Edward Jones, John Micah, Peter Vaughan, John Evans, David Smith, Evan Morgan, Dr A.O. Davies, the Medical Officer of Health, J. Pugh, Collector, J. Humphreys, Inspector, Edmund Gillart, Clerk to the Council. The Chairman of the Council presented the King with a loyal address. The Royal Party drove into the Plas through the Maengwyn Street entrance.

Arhosodd yr osgordd frenhinol wrth Gloc Tref Machynlleth i gwrdd ag aelodau a swyddogion Cyngor Dosbarth Trefol Machynlleth, a arhosent ar lwyfan a godwyd o dan dŵr y cloc. Gyda Mr Evan Humphreys, y Cadeirydd, 'roedd ei chwaer Miss Mary Humphreys. Y cynghorwyr a'r swyddogion eraill yn bresennol oedd: Y cynghorwyr R. Llewelyn Jones, is-gadeirydd, John M. Breese, Dr W. Williams, Richard Gillart, Tom Parsons, Henry Lewis, Edward Jones, John Micah, Peter Vaughan, John Evans, David Smith, Evan Morgan, Dr A.O. Davies, Swyddog Meddygol Iechyd, J. Pugh, Casglwr, J. Humphreys, Arolygwr, Edmund Gillart, Clerc y Cyngor. Cyflwynodd Cadeirydd y Cyngor gyfarchiad o deyrngarwch i'r brenin. Teithiodd yr osgordd frenhinol i'r Plas trwy'r fynedfa ar Heol Maengwyn.

39. Royal Visit 1911: *Ymweliad Brenhinol 1911.*

His Majesty King George V and Queen Mary arriving for the morning service at St Peter's Church on July 16th 1911. The windows of Paris House and Leicester House were popular vantage points to watch the arrival of the guests.

Gwelir ei Fawrhydi Brenin Sior V a'r Frenhines Mary yn cyrraedd Eglwys Sant Pedr ar gyfer y gwasanaeth boreol ar Orffennaf 16eg, 1911. 'Roedd ffenestri Paris House a Leicester House yn fannau poblogaidd i wylio'r gwesteion yn cyrraedd.

40 and 41. Royal Visit 1911: *Ymweliad Brenhinol 1911.*

On Sunday July 16th, the royal party attended divine service at St Peter's Church. Lord Herbert Vane-Tempest escorted Queen Mary and King George out of church after the service.

Mynychodd yr osgordd frenhinol y gwasanaeth crefyddol yn Eglwys Sant Pedr ar Ddydd Sul, Gorffennaf 16eg. Hebryngodd yr Arglwydd Herbert Vane-Tempest y Frenhines Mary a'r Brenin Sior allan o'r Eglwys ar ôl y gwasanaeth.

42. Royal Visit 1911: *Ymweliad Brenhinol 1911.*

The Prince of Wales and Princess Mary leaving St Peter's Church after the service on July 16th 1911.

Tywysog Cymru a'r Dywysoges Mary yn gadael Eglwys Sant Pedr wedi'r gwasanaeth ar Orffennaf 16eg, 1911.

43. Plas Machynlleth.

A photograph of the Plas maintenance staff taken about 1912. The man seated on right is Tom Ward with his son, Percy, at his feet. The end of the era, as far as the Londonderry connection with Plas Machynlleth was concerned, came in tragic circumstances when Lord Herbert Vane-Tempest, the last of the family to live in the Plas, was killed in the Abermule train disaster on January 26th, 1921. His nephew, the 7th Marquess of Londonderry, lived at Wynyard Park, Durham. He presented Plas Machynlleth to the townspeople in 1948.

Dyma lun o staff cynnal a chadw'r Plas a dynnwyd oddeutu 1912. Tom Ward yw'r dyn sy'n eistedd ar y dde gyda'i fab, Percy, wrth ei draed. Daeth cyfnod i ben o safbwynt cysylltiad y teulu Londonderry â'r Plas mewn modd enbyd pan laddwyd yr Arglwydd Herbert Vane-Tempest, yr olaf o'r teulu i fyw yn y Plas, mewn damwain drên ger Abermiwl ar Ionawr 26ain, 1921. Ymgartrefodd ei nai, sef 7fed Ardalydd Londonderry, yn Wynyard Park, Durham. Cyflwynodd Blas Machynlleth i drigolion y dref ym 1948.

photo/llun: Pickford's Aberystwyth

44. The Presentation of the Plas and Grounds: *Achlysur cyflwyno'r Plas a'r tir.*

Cllr William A. Breese, chairman of Machynlleth Urban District Council, accepting the deed of gift of Plas Machynlleth and proposing a vote of thanks on behalf of the townspeople of Machynlleth at the Town Hall on December 2nd, 1948.

The 7th Marquess of Londonderry, Charles Stewart Henry Vane-Tempest-Stewart, was unable to attend so the presentation was made by his first cousin, the Hon. Ralph Beaumont. The gift included the Plas Mansion, Pleasure Grounds and Gardens, the Paddock and certain large fields around the Plas Grounds. The total area was approximately 38 acres.

The Urban District Council presented the Marquess with four volumes of poetry printed at the Gregynog Press and specially bound in leather as a token of appreciation for the gift.

Y Cynghorydd William A. Breese, cadeirydd Cyngor Dosbarth Trefol Machynlleth, yn derbyn y rhodd o Blas Machynlleth ac yn cynnig pleidlais o ddiolchgarwch ar ran y trigolion yn Neuadd y Dref ar Ragfyr 2il, 1948.

Gan na fedrai'r 7ed Ardalydd Londonderry, Charles Stewart Henry Vane-Tempest-Stewart, fod yn bresennol, cyflwynwyd yr anrheg gan ei gefnder, yr Anrhydeddus Ralph Beaumont. Cynhwysai'r rhodd Dai'r Plas, y Tir Hamdden a'r gerddi, y Padog a rhai caeau mawr o gwmpas tir y Plas. 'Roedd cyfanswm yr arwynebedd tua 38 o erwau i gyd. Fel arwydd o werthfawrogiad o haelioni'r Ardalydd, cyflwynodd y Cyngor Dosbarth Trefol bedair cyfrol o farddoniaeth iddo, wedi'u hargraffu a'u rhwymo'n arbennig â lledr yng Ngwasg Gregynog.

photo/llun : Pickford's Aberystwyth

45. Presentation of the Key of Plas Machynlleth: *Cyflwyno Allwedd Plas Machynlleth.*

The presentation ceremony at the Town Hall was followed by a Dedication Service and the formal handing over of the Key at the Plas Mansion. The Hon. Ralph Beaumont presented the key of the Plas Mansion to Cllr William A. Breese, chairman of Machynlleth U.D.C. The Rev'd Llewelyn Hughes (left), rector of Machynlleth, said a Dedicatory Prayer and the Rev'd Enoch T. Davies (right) pronounced the Benediction. Also photographed are Mrs Margaret Breese (centre), Mrs H.C. Beaumont, County Councillor William P. Evans.

Dilynwyd seremoni'r cyflwyno yn Neuadd y Dref gan wasanaeth o gysegriad a chyflwyniad ffurfiol o allwedd y Plas. Cyflwynodd yr Anrhydeddus Ralph Beaumont yr allwedd i'r Cynghorydd William A. Breese, cadeirydd Cyngor Dosbarth Trefol Machynlleth. Traddodwyd gweddi o gysegriad gan y Parchedig Llewelyn Hughes (chwith), rheithor Machynlleth, ac fe draddodwyd y fendith gan y Parchedig Enoch T. Davies (de). Mae'r llun yn cynnwys Mrs Margaret Breese (canol), Mrs H.C. Beaumont, a'r cynghorydd sir, William P. Evans.

Commerce / Masnach

46. The Market Hall c.1870: *Neuadd y Farchnad, tua 1870.*

The hall was built in 1783 and it replaced a medieval market hall which stood on the same site; it was demolished in the early 1870s to make way for the Town Clock. The clock at the top of the hall was removed to Aberaeron Town Hall. At the time this photograph was taken, the ground floor was still being used for market purposes. David Thomas and his wife, Mary, sold meat and, on fair days, John Pritchard of Talybont sold books. A corner of the hall was railed off and used as a lock-up until the offenders could be taken to the Police Station at the other end of Maengwyn Street. The upstairs was used as a Magistrates Court and Assembly Room. Beyond the Market Hall was Royal House, the former Bull Inn, Rowland Wood's butcher's shop, John Davies's draper's shop and the roof of Aberllefenni House which was occupied by David Jones, slate agent.

Adeiladwyd y neuadd uchod ym 1783 i gymryd lle neuadd marchnad ganol oesol a safai ar yr un safle. Fe'i dymchwelwyd hithau yn y 1870au cynnar er mwyn adeiladu Cloc y Dref yn yr un man. Symudwyd y cloc a safai ar ben y neuadd i Neuadd y Dref, Aberaeron. Pan dynnwyd y llun hwn, daliai'r llawr i gael ei ddefnyddio i farchnata. Yno gwerthai David Thomas a Mary, ei wraig, gig, ac ar ddiwrnodau ffair gwerthai John Pritchard, Talybont, lyfrau. Neilltuwyd cornel o'r neuadd i'w defnyddio fel man cadw carcharorion hyd nes cawsent eu cludo i Swyddfa'r Heddlu ym mhen arall Heol Maengwyn. I fyny'r grisiau 'roedd Llys yr Ynadon ac Ystafell Ymgynnull. Y tu hwnt i'r Neuadd Farchnad mae Royal House, hen dafarn y Bull, siop gigydd Rowland Wood, siop ddillad John Davies a tho Aberllefenni House, pencadlys David Jones, yr asiant llechi.

47. Livestock Market, Maengwyn Street: *Marchnad Anifeiliad, Heol Maengwyn.*

Machynlleth developed as a market town serving a large agricultural area. A charter was granted by Edward I to Owen de la Pole, Lord of Powys, giving him authority to hold a market at Machynlleth every Wednesday and two fairs a year. The charter was granted on December 28th 1291 and markets have been held since that date. Animals were sold on the street until about 1912 when a Smithfield was opened in the town. The above photograph was taken about 1900 and the building which housed the Cross Pipes Inn had its lower windows boarded; it was demolished in 1905 to give access to the new primary school which had been opened on Thursday, February 12th, 1903.

Datblygodd Machynlleth fel tref farchnad i wasanaethu ardal amaethyddol eang. Caniataodd Edward I siarter i Owen de la Pole, Arglwydd Powys, gan roi iddo'r hawl i gynnal marchnad ym Machynlleth bob Dydd Mercher yn ogystal â dwy ffair y flwyddyn. Caniatawyd y siarter ar Ragfyr 29ain, 1291, a chynhaliwyd marchnadoedd yn y dref byth oddiar hynny. Gwerthwyd anifeiliaid ar y stryd tan tua 1912 pryd yr agorwyd cae marchnad yn y dref. Tynnwyd y llun uchod oddeutu 1900. Sylwer bod ffenestri isaf adeilad tafarn y Cross Pipes wedi'u gorchuddio. Yn ddiweddarach, ym 1905, dymchwelwyd hi i ganiatâu mynedfa i'r ysgol gynradd a agorwyd ar Ddydd Iau, Chwefror 12fed, 1903.

48. Maengwyn Street c.1910: *Heol Maengwyn, tua 1910.*

The wide main streets of Machynlleth were suitable for street markets and fairs. The petrol pumps on the left were a fairly recent addition to the street scene and belonged to John Evans, ironmonger, who had expanded his trade to take advantage of the revolution in transport. The sign of the Blue Bell Inn was partially obliterated by the tree on the right. The trees were planted with surplus money collected for the erection of the Town Clock. The first tree was planted early in 1874 opposite the Maengwyn Street entrance to the Plas by David Howell, the solicitor, who was chairman of the appeal fund.

'Roedd strydoedd llydain Machynlleth yn addas iawn ar gyfer cynnal marchnadoedd a ffeiriau. Ychwanegiad gweddol ddiweddar i olygfa'r stryd oedd y pympiau petrol a berthynai i John Evans, 'ironmonger'. Ehangodd ei fusnes er mwyn manteisio ar y chwyldro ym myd trafnidiaeth. 'Roedd arwydd tafarn y Blue Bell bron a'i orchuddio'n llwyr gan y goeden ar y dde.. Wedi cwblhau Cloc y Dref plannwyd y coed gyda'r arian oedd yn weddill. Plannwyd y goeden gyntaf ym 1874 ar gyfer mynedfa'r Plas ar Heol Maengwyn gan David Howell, cyfreithiwr a chadeirydd y gronfa apel.

The Fair, Machynlleth.

49. Penrallt Street Fair Day c.1900: *Heol Penrallt yr ddiwrnod Ffair, tua 1900.*

Local farmers selling their products in Penrallt Street. The nearest cart has a name board bearing the name H. Williams, Penrhos Bach, Penegoes. In the centre is an onion seller from Brittany 'Johnny Wyniwns'. These men came to Wales annually to sell their onions to their fellow Celts.

Yma gwelir ffermwyr lleol yn gwerthu'u nwyddau yn Heol Penrallt. Ar y gert agosaf mae enw H. Williams, Penrhos Bach, Penegoes. Yn y canol gwelir Sioni Wyniwns, gwerthwr wyniwns o Lydaw. Deuai'r dynion yma i Gymru'n flynyddol i werthu wyniwns i'w cyd-Geltiaid.

50. The Smithy. Pentrerhedyn Street c.1890: *Yr Efail, Heol Pentrerhedyn, tua 1890.*

Before the coming of the steam railway, towns had to be self-sufficient and trades such as smiths, tanners, tailors and wool manufacturers were commonplace. The above photograph, taken about 1890, shows David Edwards and his family outside the Smithy in Pentrerhedyn Street. He had married into the Parry family who had been blacksmiths for generations in Machynlleth.

Cyn dyfodiad y stem 'roedd yn ofynnol i drefi fod yn hunan gynhaliol ac 'roedd crefftwyr megis gofaint, taneriaid, teilwyr a gwneuthurwyr gwlan yn gyffredin iawn. Dengys y llun uchod, a dynnwyd oddeutu 1890, David Edwards a'i deulu y tu allan i'r Efail yn Heol Pentrerhedyn. Priododd ef un o'r teulu Parry, teulu o ofaint a fu'n gwasanaethu tref Machynlleth ers cenedlaethau.

51. The Smithy, Pentrerhedyn Street c.1912: *Yr Efail, Heol Pentrerhedyn, tua 1912.*

Mary Cornelia, Marchioness of Londonderry, was anxious to improve the appearance of the Smithy which was near to Plas Machynlleth in readiness for the visit of the Prince of Wales in 1896. The Smithy was given a horseshoe entrance and the new frontage resembled a crown. The above photograph shows David Edwards (right) and his son Joseph c.1912.

'Roedd Mary Cornelia, Ardalyddes Londonderry, yn awyddus i wella golwg yr Efail, a safai ar bwys Plas Machynlleth, yn barod ar gyfer ymweliad Tywysog Cymru ym 1896. Lluniwyd mynedfa ar siap pedol i'r Efail, ac edrychai'r tu blaen yn debyg i goron. Yn y llun, a dynnwyd oddeutu 1912, gwelir David Edwards (de) gydai'i fab Joseph.

52. Dylife in the 1890s: *Dylife yn y 1890au.*

Machynlleth has always relied heavily on the products of its surrounding district. Slate and lead passed through the town in the 1700s and 1800s to the port of Derwenlas for export. Similarly timber and wool were also brought to the town for processing and export. The above photograph shows the lead mining settlement of Dylife during the late 1800s.

Bu Machynlleth yn ddibynnol iawn ar gynnyrch yr ardal leol erioed. 'Roedd llechi a mwyn yn symud drwy'r dref yn gyson yn y 1700au a'r 1800au i borthladd Derwenlas yn barod i'w hallforio. Felly hefyd dygwyd coed a gwlan i'w prosesu ar gyfer eu hallforio. Dengys y llun uchod y gweithfeydd mwyn yn Nylife yn ystod diwedd y bedwaredd ganrif ar bymtheg.

53. Aberllefenni Quarries c.1925: *Chwareli Aberllefenni tua 1925.*

Slate was mined at Corris and Aberllefenni as far back as the 1500s but mining began in earnest during the mid 1700s. The headquarters of the Aberllefenni Quarries was at Aberllefenni House in Penrallt Street, Machynlleth. The above photograph was taken about 1925 and shows the entrance to the main shaft at Aberllefenni. Major Hamilton-Pryce, the Quarry owner, is on the left. Next to him is David Owen, the manager. In the back is William Jones, a Machynlleth taxi driver.

Bu gwaith llechi yng Nghorris ac Aberllefenni cyn belled yn ôl â'r 1500au, ond dechreuwyd cloddio o ddifrif yng nghanol y 1700au. 'Roedd pencadlys Chwareli Aberllefenni yn Aberllefenni House yn Heol Penrallt, Machynlleth. Yn y llun uchod, a dynnwyd tua 1925, gwelir y fynedfa i'r brif siafft yn Aberllefenni. Mae'r Uwchgapten Hamilton-Pryce, perchennog y Chwarel ar y chwith. Wrth ei ymyl mae David Owen, y rheolwr. Yn y cefn mae William Jones, gyrrwr tacsi o Fachynlleth.

54. Aberllefenni Quarries c.1925: *Chwareli Aberllefenni tua 1925.*

D. Morris Jones exercising the craft of splitting the slate along its cleavage plane at Aberllefenni about 1925. The slate was taken along the Corris Railway to the transhipment wharf in the Lower Goods Yard at Machynlleth where it was transferred to the Great Western Railway.

Dyma D. Morris Jones yn arddangos y grefft o hollti llechen, tua 1925. Danfonwyd y llechi ar Reilffordd Corris i'r lanfa drawslwytho yn yr Iard Nwyddau Isaf ym Machynlleth, lle trosglwyddwyd hwy i'r 'Great Western Railway'.

55. Quarrymen on Llwyngwern Station: *Chwarelwyr ar Orsaf Llwyngwern.*

Slateworkers on Llwyngwern Station waiting for a train on the Corris Railway c.1890. The Machynlleth bound train can be seen arriving to take them home after a day's work at the Llwyngwern Quarry. Machynlleth had 30 men listed as quarrymen or connected occupations on the 1881 census returns.

Yn y llun yma mae chwarelwyr ar orsaf Llwyngwern yn aros am drên ar Reilffordd Corris, oddeutu 1890. Mae'r trên sydd ar ei ffordd i Fachynlleth yn cyrraedd i'w cludo i'w cartrefi wedi gwaith y dydd yn Chwarel Llwyngwern. Yng nghyfrifiad 1881 nodwyd bod 30 o ddynion Machynlleth yn chwarelwyr neu mewn gwaith a oedd yn gysylltiedig â'r chwarel.

56. Transhipment Wharf: *Y Lanfa Drawslwytho*.

The transhipment wharf in the Lower Goods Yard at Machynlleth c.1925. Slate was transferred to the Great Western Railway after having been brought down the Corris Railway from the quarries. David Owen, manager of the Aberllefenni Quarries, is on the left and John Rowland Jones who worked on the wharf is third from the left.

Dyma lun o'r Lanfa Drawslwytho yn yr Iard Nwyddau Isaf ym Machynlleth oddeutu 1925. Yma trosglwyddwyd y llechi i reilffordd y G.W.R wedi iddynt gael eu cludo ar Rheilffordd Corris. Ar y chwith mae David Owen, rheolwr Chwareli Aberllefenni, a John Rowland Jones, gweithiwr yn y Llanfa, yw'r trydydd o'r chwith.

57. Wool from a local farm: *Gwlan o fferm leol.*

The woollen industry was one of the main industries in the Machynlleth district since medieval times. It was mainly a cottage industry carried out in the homes of the workers until the mid 1800s when several factories (as they were called locally) developed alongside the fast flowing tributaries of the River Dovey. After the coming of the steam railway in 1863, there was a steady decline in the industry due to the cheaper products being bought from other areas, especially Yorkshire. Wool, however, was still an important source of income for the local farmers. The above photograph shows David Williams, haulage contractor of Machynlleth, collecting wool from Hengwmannedd, Uwchygarreg, c.1930. David Williams is standing on the right and his son, Griffith, is at the driver's seat. David Lloyd is leaning on the bonnet of the lorry.

Bu'r diwydiant gwlan yn un o brif ddiwydiannau ardal Machynlleth ers y canol oesoedd. Parhaodd i fod yn ddiwydiant aelwyd hyd ganol y 1800au, pryd y datblygodd ffatrioedd (fel y gelwid hwy'n lleol) gerllaw nentydd cyflym a redai i'r Afon Ddyfi. Wedi dyfodiad y reilffordd ym 1863, bu dirywiad yn y diwydiant, oblegid, yn ei sgîl, daeth nwyddau rhatach o ardaloedd eraill, yn enwedig Swydd Efrog. Fodd bynnag, 'roedd gwlan yn parhau i fod yn ffynhonnell incwm i'r ffermwyr lleol. Yn y darlun uchod gwelir David Williams, contractiwr cludo o Fachynlleth, yn casglu gwlan o Hengwmannedd, Uwchygarreg, tua 1930. Mae David Williams yn sefyll ar y dde, a'i fab, Griffith, sydd yn sedd y gyrrwr. Mae David Lloyd yn pwyso ar foned y lori.

58. White Horse Hotel c.1900: *Gwesty'r 'White Horse', tua 1900.*

Machynlleth market was one of the most significant in Wales by the 1600s with farmers and dealers from as far afield as Pembrokeshire, Carmarthenshire, Shropshire, Herefordshire and

Denbighshire using the market. Other trades benefited considerably from the large numbers of people visiting the town notably the public houses. On March 22nd 1636, there were twenty four applications to the local magistrates to keep ' a common alehouse and victualling house '. The public houses also offered a carrier service. In the 1830s, Robert Roberts of the White Horse in Maengwyn Street and John Matthews of the Raven Inn in Penrallt Street ran weekly services to Tywyn. The above photograph of the White Horse was taken c.1900 and shows Mr and Mrs Evan Owen (right), proprietors, and John Evans, ostler.

Erbyn y 1600au, 'roedd marchnad Machynlleth yn un o'r rhai pwysicaf yng Nghymru, gyda ffermwyr a delwyr yn ei mynychu o leoedd mor bell a Sir Benfro, Sir Gaerfyrddin, Swydd Henffordd a Sir Ddinbych. Manteisiai masnachau eraill yn fawr ar y dyrfa niferus a ymwelai â'r dref, yn enwedig y tafarndai. Ar Fawrth 22 ain, 1636, ymddangosodd pedwar cais ar hugain o flaen yr ynadon i gadw tŷ tafarn cyffredin a bwyty. Cynigiai'r tafarndai wasanaeth cludo yn ogystal. Yn y 1830au byddai Robert Roberts o'r 'White Horse', a John Matthews o'r 'Raven Inn' yn Heol Penrallt yn cynnig gwasanaeth wythnosol i Dywyn. Yn y llun uchod o'r 'White Horse' a dynnwyd tua 1900 gwelir Mr a Mrs Evan Owen (de), y perchnogion, a John Evans, osler.

59. The White Horse Hotel 1917: *Y 'White Horse' 1917.*

The White Horse Hotel was, unfortunately, gutted by fire on Sunday morning, April 28th, 1912. The new frontage can be seen above. The car driver is Harry Hambrey, a brother-in-law to the wife of the proprietor seen in the previous photograph. Next door is the recruiting office under the charge of Hugh Davies, Crown House and the poster calls for more men.

Ar Ebrill 28ain, 1912, dinistriwyd y 'White Horse' gan dân, ac uchod fe welir y tu blaen newydd. Gyrrwr y car yw Harry Hambrey, brawd yng nghyfraith gwraig y perchennog a welwyd yn y llun blaenorol. Drws nesaf mae'r swyddfa recriwtio o dan ofal Hugh Davies, Crown House, ac arni gwelir poster yn galw am 'FWY O DDYNION'.

60. The Goat Inn: *Y 'Goat Inn'.*

Two new inns were opened in Penrallt Street during the 1860s namely the Goat Inn near the entrance to St Peter's Church, and the Buck Inn. The Goat was opened by Morgan Rees who had carried out the trade of shoemaker at the building for several decades. The Buck was opened by David Jones who had previously traded as a grocer in the same building. Next door to the Buck was the Boot Inn which was itself next door but one to the Skinners Arms. Next door but one to the Skinners Arms was the Raven Inn! Three licensed establishments had, however, closed during that period in Penrallt Street, namely the Wynnstay Hotel, which transferred its name onto the Unicorn Hotel in Maengwyn Street, and the Ship Hotel next door. Some years earlier, the Bull Inn at the entrance to the Garsiwn had also closed. The above photograph of the Goat Inn, c.1912, shows Willie and Griff Robinson, the sons of Ann Robinson, the licensee.

Agorwyd dwy dafarn newydd yn Heol Penrallt yn ystod y 1860au, sef y 'Goat Inn' a'r 'Buck Inn'. Agorwyd y 'Goat' gan Morgan Rees, a fu hefyd yn grydd ar yr union safle am lawer blwyddyn. Agorwyd y 'Buck' gan David Jones a arferai weithio fel groser yn yr adeilad hwnnw. Y drws nesaf i'r 'Buck' 'roedd y 'Boot Inn' a leolwyd y drws nesaf ond un i'r 'Skinners Arms'. Y drws nesaf ond un eto i'r 'Skinners Arms' 'roedd y 'Raven Inn'! 'Roedd tri sefydliad trwyddedol, fodd bynnag, wedi cau yn Heol Penrallt yn ystod y cyfnod hwnnw, sef Gwesty'r Wynnstay a drosglwyddodd ei enw i Westy'r 'Unicorn' yn Heol Maengwyn, yn ogystal â Gwesty'r 'Ship' y drws nesaf. Rhai blynyddoedd cyn hyn 'roedd y 'Bull Inn', a leolwyd wrth fynedfa'r Garsiwn wedi cau. Mae'r llun uchod o'r 'Goat Inn' a dynnwyd oddeutu 1912, yn dangos Willie a Griff Robinson, meibion y trwyddedwr, Ann Robinson.

61. The Ship Hotel: *Gwesty'r 'Ship'.*

During the early 1870s, the Raven Inn in Penrallt Street was closed and the English Presbyterian Chapel built on the site. The former Ship Hotel across the road, next door to Royal House, was reopened by Benjamin Herbert and named The Vaults. The name Ship Hotel was restored by 1891. The above photograph was taken c.1913 and shows David Williams, son of Mary Williams of the Skinners Arms, and his son Griffith. David Williams also continued the family haulage business.

Yn ystod y 1870au caewyd tafarn y 'Raven' yn Heol Penrallt, ac ar ei safle fe adeiladwyd y Capel Methodist Saesneg. Yr ochr arall i'r ffordd, y drws nesaf i Royal House, ail-agorwyd hen Westy'r 'Ship' gan Benjamin Herbert, yn dwyn yr enw newydd y 'Vaults'. Ym 1891 fe'i galwyd yn Westy'r 'Ship' unwaith yn rhagor. Tynnwyd y llun hwn oddeutu 1913, ac ynddo gwelir David Williams, mab Mary Williams y 'Skinners Arms', a'i fab, Griffith. 'Roedd David Williams hefyd yn parhau i gynnal y busnes cludo a berthynai i'r teulu.

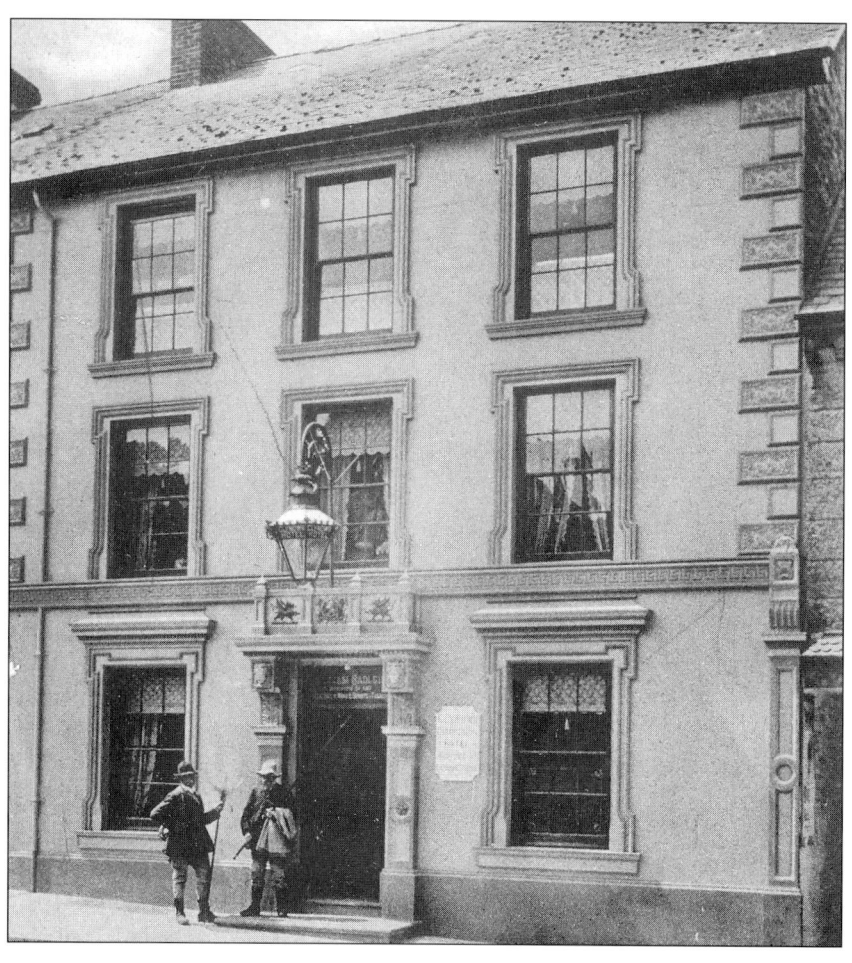

62. The Glyndŵr Hotel c.1910: *Gwesty'r Glyndŵr, tua 1910.*

The opening of the Machynlleth Railway Station in 1863 caused an expansion of licensed premises into Doll Street. The Glyndŵr Hotel opened in the mid 1860s and the Eagles Hotel followed in 1872. William Sadleir, the proprietor of the Glyndŵr, came to Machynlleth from Tamworth in the early 1890s to work as a Booking Hall clerk at the Railway Station. He was the first scoutmaster when the local troop was formed in April 1909. As can be seen on the photograph, he wished to cater for fishermen who came to the town in the summer to fish the River Dovey which was noted for its salmon.

Yn dilyn achlysur agor Gorsaf Reilffordd Machynlleth ym 1863 ehangodd y sefydliadau trwyddedig i Heol y Doll. Agorodd Gwesty'r Glyndŵr yng nghanol y 1860au, ac fe'i dilynwyd gan Westy'r 'Eagles' ym 1872. Daeth William Sadleir, perchennog y Glyndwr, o Tamworth yn nechrau'r 1890au i weithio fel clerc yn y Swyddfa Docynnau yng Ngorsaf y Rheilffordd. Ef oedd meistr cyntaf y Sgowtiaid, pan ffurfiwyd cangen leol yn Ebrill, 1909. Fel y dengys y llun, 'roedd yn darparu ar gyfer pysgotwyr a ddeuai i'r dref yn ystod yr haf i bysgota yn yr Afon Ddyfi a oedd yn enwog am ei heogiaid.

63. The Eagles Hotel c.1910: *Gwesty'r 'Eagles', tua 1910.*

By the end of the 1860s the licensee of the Glyndŵr Hotel, William Pierce, began work on the erection of the Eagles Hotel also in Doll Street. The Hotel was refused a licence by the local magistrates in September 1871 so strong was the anti-drink movement in the town. A licence was granted, however, in 1872. The above shows the licensee, Robert Bell, and his staff c.1910.

Erbyn diwedd y 1860au, 'roedd perchennog y Glyndŵr, William Pierce, wedi dechrau ar y gwaith o godi Gwesty'r 'Eagles', eto yn Heol y Doll. Oherwydd cryfder y mudiad dirwestol yn y dref, gwrthodwyd trwydded i'r Gwesty gan ynadon lleol ym 1871, ond fe'i caniatawyd ym 1872. Yn y llun uchod gwelir y trwyddedwr, Robert Bell, a'i staff oddeutu 1910.

MACHYNLLETH, PENTRERHEDYN STREET & LION HOTEL

64. The White Lion Hotel, Pentrerhedyn Street: *Gwesty'r 'White Lion', Heol Pentrerhedyn.*

The White Lion Hotel dates from the late 1600s/early 1700s and was enlarged considerably during the late 1800s with the development of the tourist industry especially fishing. The hotel has catered for fishermen since the coming of the railway and a carriage was provided to convey patrons to and from the Railway Station. The above photograph taken in the early 1920s shows the carriage outside the hotel. Another hotel, the Golden Lion, also traded in Pentrerhedyn Street during the 1800s in the building immediately south of Bodlondeb.

Mae Gwesty'r 'White Lion' yn dyddio i nôl i ddiwedd y 1600/ dechrau'r 1700au, ond fe'i ehangwyd yn sylweddol tua diwedd y 1800au i ddarparu ar gyfer y datblygiad yn y diwydiant ymwelwyr, yn enwedig pysgota. Bu'r gwesty'n darparu ar gyfer pysgotwyr ers dyfodiad y rheilffordd, a threfnwyd bod cerbyd ar gael i gludo cwsmeriaid rhwng y gwesty a gorsaf y rheilffordd. Llun o ddechrau'r 1920au yw'r un uchod yn dangos y cerbyd yn aros y tu allan i'r gwesty. 'Roedd gwesty arall hefyd, sef y 'Golden Lion' wedi ei leoli yn Heol Pentrerhedyn yn ystod y ganrif ddiwethaf, yn yr adeilad yn union i'r dde o Bodlondeb.

65. Wynnstay, Herbert Arms and Unicorn Hotel, Maengwyn Street, 1911:
Y 'Wynnstay', yr 'Herbert Arms', a Gwesty'r 'Unicorn', Heol Maengwyn, 1911.

This building is dated 1780 and developed as the Unicorn Hotel which was an important coaching house during the early 1800s on the route from Shrewsbury to Aberystwyth and back. The name Wynnstay was added during the 1860s with the closure of the hotel of that name in Penrallt Street. The name Herbert was also added to the hotel possibly due to a connection with the well known Montgomeryshire family. The full name still survived in the above photograph taken during the Royal visit in 1911.

Mae'r adeilad hwn yn dyddio nôl i'r 1780au, ac fe'i datblygwyd fel Gwesty'r 'Unicorn' a oedd yn dŷ coets pwysig iawn ar ddechrau'r ganrif ddiwethaf ar y ffordd rhwng Yr Amwythig ac Aberystwyth. Ychwanegwyd yr enw 'Wynnstay' yn ystod y 1860au pan gaewyd gwesty yn dwyn yr enw hwnnw yn Heol Penrallt. Mae'n debyg i'r enw Herbert gael ei ychwanegu oherwydd y cysylltiad a'r teulu enwog o Sir Drefaldwyn. Daliai'r enw llawn i gael ei arddel pan dynnwyd y llun uchod yn ystod yr ymweliad brenhinol ym 1911.

66. Thomas Williams Bakery, Snowdon View: *Popty Thomas Williams, Snowdon View.*

During the first decade of the 1900s, there were at least four bakeries in Machynlleth. The above photograph c.1908 shows Alfred Williams at his father's bakery (Thomas Williams) in Snowdon View in the Garsiwn. Thomas Williams moved to Machynlleth in the early 1870s and worked for John M. Breese at his bakery in Dovey View before establishing his own business.

Yn ystod degawd cyntaf yr ugeinfed ganrif 'roedd o leiaf bedwar popty ym Machynlleth. Dengys y llun uchod, a dynnwyd oddeutu 1908 Alfred Williams wrth bopty'i dad (Thomas Williams) yn Snowdon View yn y Garsiwn. Symudodd Thomas Williams i Fachynlleth ar ddechrau'r 1870au i weithio ym mhopty John M. Breese yn Dovey View cyn sefydlu'i fusnes ei hun.

67. Maengwyn Bakery c.1912: *Popty Maengwyn, tua 1912.*

William Humphreys (right) at his Maengwyn Bakery to the rear of Maengwyn Chapel. Bread and cakes were delivered around the town in the hand cart. The boy assistant is Albert Caffrey who later worked for many years at Henry Lewis's Bakery.

Dyma William Humphreys (ar y dde), perchennog Popty Maengwyn y tu ol i Gapel Maengwyn. Cludwyd bara a chacennau o gwmpas y dref mewn cert law. Y gwas yw Albert Caffrey a fu'n gweithio am flynyddoedd lawer yn ddiweddarach ym Mhopty Henry Lewis.

68. William Humphreys, Bakers and Confectioners, c.1920:
William Humphreys, Pobyddion a gwerthwyr melys-fwydydd, tua 1920.

William Humphreys (left) at his Bakers and Confectioners shop at Tudor House, Maengwyn Street c.1920. Maengwyn Bakery was to the rear of the premises. His daughter Clara worked in the shop and his bakers, Ernie Venables and Will Williams, are also in the photograph. Clara Humphreys played the piano at the local cinema during the days of silent films.

Ar y chwith yn y llun uchod gwelir William Humphreys yn ei siop fara a melysfwydydd yn Tudor House, Heol Maengwyn, oddeutu 1920. 'Roedd Popty Maengwyn y tu ôl i'r adeilad. Gweithiai ei ferch, Clara, yn y siop ac mae ei bobyddion, Ernie Venables a Will Williams yn y llun hefyd. 'Roedd Clara Humphreys yn canu'r piano yn y sinema leol yn ystod dyddiau'r ffilmiau mud.

69. The Maengwyn Bakery c.1930: *Popty Maengwyn, tua 1930.*

During the 1920s, a new Maengwyn Bakery was built on a site adjoining Old Maengwyn House. Frank Thomas who had married William Humphreys's daughter, Kate, was now in charge of the bakery business. The photograph shows Owen Williams, Frank Thomas, Richard Humphreys and Alfred Caffrey.

Yn ystod y 20au adeiladwyd Popty Maengwyn o'r newydd ar dir yn ymyl Hen Dŷ Maengwyn. Erbyn hyn, Frank Thomas, a briododd Kate, merch William Humphreys, oedd yn gyfrifol am y busnes. Yn y llun gwelir Owen Williams, Frank Thomas, Richard Humphreys ac Alfred Caffrey.

70. Les Thomas, Maengwyn Bakery 1932: *Popty Maengwyn 1932.*

Les Thomas with the Maengwyn Bakery hand cart in 1932. Frank Thomas died soon after joining the business and his wife Kate was left in charge. She was assisted by her son Leslie. Eventually, two other sons, Eric and Sydney, also joined the family business. Behind Les Thomas is Pendre, a fine Georgian house in Maengwyn Street, and to the right is Old Maengwyn. The photograph was taken from the front of the bakery and also shows Jock who used to accompany Les on his rounds.

Yma gwelir Les Thomas gyda chert law Popty Maengwyn ym 1932. Bu farw Frank Thomas yn fuan wedi iddo ymuno â'r busnes, a gadawyd ei wraig Kate i ofalu am y busnes ar ei ôl. Fe'i cynorthwywyd gan ei mab, Leslie. O dipyn i beth, ymunodd dau frawd arall a busnes y teulu, sef Eric a Sydney. Y tu ôl i Les Thomas mae Pendre, tŷ Georgiadd hardd yn Heol Maengwyn, ac i'r dde mae'r Hen Faengwyn. Tynnwyd y llun o du blaen y Popty ac ynddo hefyd gwelir Jock a arferai fynd gyda Les ar ei deithiau.

71. Margaret Evans's printing and publishing works, 1900:
Gwaith cyhoeddi ac argraffu Margaret Evans, 1900.

Printing and publishing was a significant industry in the town between 1789, when Titus Evans established the first printing press in Montgomeryshire in Machynlleth, and the late 1800s. The main printers and publishers during that period were Adam Evans and the Rev'd Evan Jones. Adam Evans was succeeded, after his death in 1896, by his wife Margaret who employed John Evans (above left). The photograph shows Margaret Evans's printing and publishing works in 1900. John Evans continued the business from 1905 to 1955.

'Roedd cyhoeddi ac argraffu yn ddiwydiant o bwys yn y dref rhwng 1789, pan sefydlodd Titus Evans y wasg argraffu gyntaf yn Sir Drefaldwyn ym Machynlleth, ar ddiwedd y 1800au. Y prif argraffwyr a chyhoeddwyr yn ystod y cyfnod hwn oedd Adam Evans a'r Parch. Evan Jones. Wedi'i farwolaeth ym 1896, olynwyd Adam Evans gan ei wraig, Margaret, a gyflogodd John Evans (ar y chwith). Dengys y llun waith argraffu a chyhoeddi Margaret Evans ym 1900. Bu John Evans, yntau, yn gyfrifol am y busnes o 1905 hyd 1955.

72. Peter Rees's Butcher's Shop c.1914: *Siop Gigydd Peter Rees, tua 1914.*

A long established butcher's business was founded by Peter Rees (second from left) and was continued by his son Rowland (the boy nearest Peter Rees). The above photograph, taken about 1914, shows the shop in Doll Street facing St Peter's Church. Others present are Mrs E.A. Rees (fourth from the left) and Evan H. Lewis (second from the right).

Sefydlwyd busnes cigydd yn y dref gan Peter Rees (yr ail o'r chwith); busnes y parhaodd ei fab, Rowland, (y bachgen agosaf at Peter Rees) i'w gynnal ar ei ôl. Tynnwyd y llun uchod, sy'n dangos y siop a wynebai Eglwys Sant Pedr yn Heol y Doll, oddeutu 1914. Ynddo hefyd gwelir Mrs E.A. Rees (4ydd o'r chwith) ac Evan H. Lewis (ail o'r dde).

73. John Evans, General Merchants, c.1916: *John Evans, Masnachwyr Cyffredinol, tua 1916.*

John Evans's business in Maengwyn Street emerged when Richard Jones's business on the other side of the lane on the right collapsed financially in 1886. The National Provincial Bank, which at the time was in Pentrerhedyn Street, took over the building and eventually established a new bank premises. The remainder of the building was let to John Evans. The store photographed during the First World War was developed during the early 1900s in a fine row of Georgian houses. John Evans's son, William P. Evans, is standing in the centre among the early examples of land vehicles.

Daeth busnes John Evans yn Heol Maengwyn i fodolaeth pan aeth busnes Richard Jones, a leolwyd yr ochr arall i'r lôn ar y dde, i'r wal ym 1886. Cymerwyd yr adeilad gan Fanc y National Provincial, a weithredai yn Heol Pentrerhedyn ar y pryd hwnnw, ond o dipyn i beth sefydlwyd yno gartref newydd i'r Banc. Gosodwyd gweddill yr adeilad i John Evans. Llun yw hwn a dynnwyd yn ystod blynyddoedd cynnar y ganrif hon. Mae William P. Evans, mab John Evans, yn sefyll yn y canol ymhlith yr esiamplau cynnar o gerbydau tir.

74. William Evans's Cycle Shop, c.1920: *Siop Feiciau William Evans, tua 1920.*

William Evans, 'Will John A' as he was known in Machynlleth, succeeded his father in business in Maengwyn Street. The 1890s saw the cycle increase greatly in popularity and Machynlleth had its own Cycle Club. John A. Evans took advantage of this popularity to develop a bicycle business. In 1902, he expanded into a new form of transportation and received a licence from Machynlleth Urban District Council to sell petroleum. In 1912, John A. Evans was granted a patent for a steering lamp bracket which it was reported in the *Cambrian News* would afford protection to life not only of the motorist but also to the public.

Olynwyd John Evans gan ei fab, William Evans, neu 'Will John A' fel yr adnabuwyd ef yn nhref Machynlleth. Yn ystod y 1890au gwelwyd cynnydd sylweddol ym mhoblogrwydd y beic, ac 'roedd gan y dref ei Chlwb Beicio ei hunan. Mantesiodd John A. Evans ar y poblogrwydd hwn trwy ddatblygu busnes beiciau. Ym 1902, ehangodd hwn i gynnwys math newydd o drafnidiaeth, a chaniataodd Cyngor Dosbarth Trefol Machynlleth drwydded iddo i werthu petrol. Ym 1912, enillodd batent i fraced lamp lywio a fyddai, yn ôl y *Cambrian News* yn diogelu bywyd modurwyr yn ogystal ag aelodau o'r cyhoedd.

75. Star Supply Stores, Penrallt Street, c.1932: *Star Supply Stores, Heol Penrallt, tua 1932.*

In the 1920s, the former fashion store called Paris House in Penrallt Street was purchased by the food stores group Star Supply Stores. The above photograph was taken about 1932 and shows George Edwards, Mr Evans (manager), Rosie Jones and Bodvan Evans. The building is on the site of the Boot Inn and the lane which leads to Graigfach is still known as Boot Lane. The Boot Inn was apparently demolished in the 1880s and Paris House was erected in its place by Richard Rees.

Yn y 1920au aeth y cyn siop ffasiwn, Paris House, i ddwylo grŵp siopau bwydydd, sef y Star Supply Stores. Tynnwyd y llun uchod oddeutu 1932, ac ynddo gwelir George Edwards, Mr Evans (rheolwr), Rosie Jones a Bodvan Evans. Yr adeilad hwn oedd y 'Boot Inn' yn wreiddiol, a gelwir y ffordd fach yn ei ymyl yn Boot Lane hyd y dydd heddiw. Caewyd tafarn y Boot ac addaswyd yr adeilad yn siop ffasiwn gan Richard Rees.

76. John Evans and Lofty in Doll Street, c.1930: *John Evans a Lofty yn Heol y Doll, tua 1930.*
During the early decades of the 1900s milk was delivered around the households in the town by means of churns carried on horse drawn carts. The above photograph shows John Evans of Dafarn, Penegoes, and his horse Lofty outside Dovey Stores in Doll Street c.1930.

Yn ystod degawdau cyntaf y ganrif hon dosbarthwyd llaeth i'r cartrefi mewn cynwysyddion a gludwyd gan gerti yn cael eu tynnu gan geffylau. Yn y llun hwn gwelir John Evans, Y Dafarn, Penegoes, a'i geffyl, Lofty, y tu allan i'r Dovey Stores yn Heol y Doll, oddeutu 1930.

77. Gent's Outfitters, Maengwyn Street:
Siop Ddillad Dynion, Heol Maengwyn.

Arthur Hughes outside his shop c.1930.
Dyma Arthur Hughes y tu allan i'w siop, oddeutu 1930.

78. Robert Evans, watchmaker. c.1950: *Robert Evans, Gwneuthurwr Watsus, tua 1950.*

Robert Evans (Robin y Watsh) spent much of the earlier part of this century winding the town clock. He also carried on a business as clock and watch repairer in Maengwyn Street.

Gwariodd Robert Evans, gwneuthurwr watsus (Robin y Watsh), y rhan helaethaf o flynyddoedd cyntaf y ganrif hon yn weindio cloc y dref. 'Roedd hefyd yn berchen ar fusnes trwsio clociau a watsus yn Heol Maengwyn.

photo/llun : J.D. Holt

79. Charlie's Stores, Maengwyn Street: *Siop Charlie, Heol Maengwyn.*

Charlie's Stores was a popular establishment during the 1950s and 1960s. The proprietor Charlie Pearson is photographed in the centre with his wife, Eleanor, on the right and his assistant, Megan Morris, on the left. This photograph was taken in January 1962.

'Roedd Siop Charlie yn sefydliad poblogaidd yn ystod y 50au a'r 60au. Gwelir y perchennog, Charlie Pearson, yng nghanol y llun gyda'i wraig, Eleanor, ar y dde, a'i gynorthwywraig, Megan Morris, ar y chwith. Tynnwyd y llun yn Ionawr 1962.

photo/llun : J.D. Holt

80. The Corner Niche, Dovey Bridge: *'The Corner Niche', Pontarddyfi.*

In the late 1950s, Professor William Davies converted the Congregationalist schoolroom at Dovey Bridge into a cafe. A mass of advertisement signs was the only alteration to the former religious use of the building!

Yn niwedd y 50au addasodd Yr Athro William Davies Ysgoldy'r Annibynnwyr ym Mhontarddyfi yn gaffi. Yr unig newid a wnaeth i'r adeilad ers ei gyfnod fel tŷ addoliad oedd codi nifer fawr o arwyddion hysbysebu!

Religion, Education and Administration / Crefydd, Addysg a Gweinyddiaeth

Foulk Evans (1783 - 1866).

81. Foulk Evans was a minister at the Calvanistic Methodist chapel, Capel Norton, in Llynlloedd Lane between 1825 and 1864. He was frequently away from home, however, on tours through Wales to spread the gospel. His biographer recorded: 'There is not a town in Wales that has not heard his voice'.

Bu Foulk Evans yn weinidog ar Gapel Norton, capel Methodistiaid, a leolwyd ar Ffordd y Llynlloedd, o 1825 hyd 1864. Er hynny, treuliai gryn lawer o'i amser oddicartref yn teithio ar hyd a lled Cymru yn lledaenu'r Efengyl. Fel hyn y dywedodd ei gofiannydd amdano: 'Nid oes tref yng Nghymru na chlywodd ei lais'.

82. John Foulkes Jones
(1826 - 1880).

John Foulkes Jones was the first official minister of the Methodists in Machynlleth. He was born in the town in 1826 to Lydia Jones and her husband John who was a chemist in Machynlleth. He was educated locally and, later, at Edinburgh University. He travelled to Egypt in the 1850s and wrote a book *Egypt in its Biblical Relations and Moral Aspects* which was published by Smith, Elder & Co. of London. John Foulkes Jones returned home in the early 1860s and was the minister of Maengwyn Chapel between 1864 and his death in 1880. He was the driving force behind the erection of Maengwyn Chapel in 1867.

John Foulkes Jones oedd gweinidog swyddogol cyntaf y Methodistiad ym Machynlleth. Ganwyd ef yn y dref ym 1826, yn fab i Lydia Jones a'i gŵr John,

photo/llun : John Thomas

fferyllydd yn nhref Machynlleth. Derbyniodd ei addsyg yn lleol, ac yna, yn ddiweddarach ym Mhrifysgol Caeredin. Yn ystod yr 1850au teithiodd i'r Aifft ac, o ganlyniad, ysgrifennodd lyfr yn dwyn y teitl *Egypt in its Biblical Relations and Moral Aspects* a gyhoeddwyd gan Smith, Elder & Co. Llundain. Dychwelodd John Foulkes Jones ar ddechrau'r 1860au a bu'n weinidog ar Gapel Meangwyn o 1864 hyd ei farwolaeth ym 1880. Ef oedd y tu ôl i'r penderfyniad i godi Capel Maengwyn yn Heol Maengwyn ym 1867.

photo/llun : W. Williams, Caernarfon

83. Rev'd Evan Jones: *Parchedig Evan Jones.*

Evan Jones lived at Graigyrhenffordd when he attended the National School in Doll Street, Machynlleth during the 1840s. He was later apprenticed to Adam Evans, the leading printer and publisher in Machynlleth. In 1855, Adam Evans published the book *Darlundraeth o Fachynlleth a'i Hamgylchoedd* which had been written by Evan Jones for a Machynlleth Literary Society competition. This is the earliest known published book on Machynlleth and its district. Evan Jones entered the ministry and while at Caernarvon he became one of the most significant ministers in the Methodist movement.

'Roedd Evan Jones yn byw yng Nghraigyrhenffordd ac yn ddisgybl yn yr Ysgol Genedlaethol yn Heol y Doll, Machynlleth yn ystod y 1840au. Yn ddiweddarach daeth yn brentis i Adam Evans, y prif argraffydd a chyhoeddwr ym Machynlleth. Ym 1855, cyhoeddodd Adam Evans lyfr a ysgrifennwyd gan Evan Jones ar gyfer cystadleuaeth Cymdeithas Lenyddol Machynlleth yn dwyn y teitl 'Darlundraeth o Fachynlleth a'i Hamgylchoedd'. Dyma'r llyfr cyntaf y gwyddys amdano a argraffwyd yng nghylch Machynlleth. Aeth Evan Jones i'r weinidogaeth, a thra 'roedd yng Nghaernarfon datblygodd i fod yn un o weinidogion enwocaf y mudiad Methodistaidd.

84. The Rev'd Josiah Jones: *Parchedig Josiah Jones.*

Josiah Jones was a native of Cwmcoy, near Newcastle Emlyn. He moved to Machynlleth in 1854 to be minister of the Graig Chapel: a position he held until his retirement in 1910. He was a pioneer of elementary and secondary education in Machynlleth during the last two decades of the 1800s. His wife, Mary Ann, was a great granddaughter of the prolific writer of Welsh hymns, William Williams, Pantycelyn.

Brodor o Gwmcoy, ger Castell Newydd Emlyn oedd Josiah Jones. Symudodd i Fachynlleth ym 1854 yn weinidog ar Gapel y Graig, ac yno y bu hyd ei ymddeoliad ym 1910. Bu'n arloeswr ym maes addysg elfennol ac eilradd yn y dref yn ystod ugain mlynedd olaf yr 1800au. 'Roedd ei wraig, Mary Ann, yn or-wyres i William Williams, Pantycelyn, awdur toreithiog yr emyn Cymraeg.

85. Sunday School trip c.1908: *Trip yr Ysgol Sul, tua 1908.*

Relaxing on an unknown beach are members of the Maengwyn Chapel Sunday School class of Henry Lewis (left) and their families. He was a baker and grocer to the rear of the Town Clock in Machynlleth. On the right are John Thomas, the chemist, and David Owen, the manager of the Aberllefenni Slate Quarries.

Yma gwelir aelodau o ddosbarth Henry Lewis (chwith), Ysgol Sul Maengwyn, yn ymlacio gyda'u teuluoedd ar draethell anhysbys. Pobydd a groser tu ôl i Gloc y Dref ym Machynlleth oedd Henry Lewis. Ar y dde mae John Thomas, y fferyllydd, a David Owen, rheolwr Chwareli Llechi Aberllefenni.

photo/llun : John Jones

86. The North Wales Ladies Temperance Union: Machynlleth Branch 1908 - 1909.

Undeb Dirwestol Gogledd Cymru: Cangen Machynlleth 1908 - 1909.

Seated in centre: Mrs Margaret Foulkes Jones, president.
Seated second from right: Maglona Rees, secretary.

Yn eistedd yn y canol: Mrs Margaret Foulkes Jones, llywydd.
Yn eistedd yr ail o'r chwith: Maglona Rees, ysgrifennydd.

photo/llun : Benjamin Pearce

87. St Peter's Church: Vicar, Churchwardens and Bellringers c.1909:
Eglwys Sant Pedr: Ficer, Wardeiniaid a Chlochyddion yr Eglwys, tua 1909.

Back row/Rhes ôl. Robert Edwards: Martin Crust: W. Venables: Owen Arthur: Jack Blayney: two coachmen-Plas Machynlleth / 2 gerbydwr Plas Machynlleth: William Jones: Maurice Evans.

Seated/Yn eistedd:—: Roger Howell: W.E. Evans: Rev'd/Parch Evans, curate/curad: Rev'd/Parch Llewelyn Williams, rector/rheithor: Richard Gillart: Thomas Hughes: John David Edwards.

88. Two hundred years of Welsh Methodism: *Dau gan mlynedd o Fethodistiaeth Gymraeg.*

Members of a trip organised by the Maengwyn and English Presbyterian Chapels on June 27th 1935; it was organised to celebrate the two hundred years of the movement and went to Talgarth, Trefecca, Llandovery and Llangeitho to visit the graves of the pioneers of the movement in Wales.

Aelodau o drip a drefnwyd ar y cyd gan Gapel Maengwyn a'r Capel Presbyteriadd Saesneg, Mehefin 27 ain, 1935 i ddathlu dau gan mlwyddiant y mudiad. Aethant i Dalgarth, Trefeca, Llanymddyfri a Llangeitho i ymweld â beddau rhai o arloeswyr y mudiad yng Nghymru.

89. Christ Church, Maengwyn Street: *Eglwys yr Iesu, Heol Maengwyn.*

Llun Kingsway Real Photo

Christ Church, now the site of the Town Library, was built on land donated by the Fifth Marquess of Londonderry; it was required 'to serve the needs of a bilingual population' within the Church of England. The anglicisation of Machynlleth during the second half of the nineteenth century was the result of the language policy of the National School; the large number of English staff brought to Plas Machynlleth by the Londonderrys and the coming of the railway in 1863. Christ Church was demolished in 1965.

Adeiladwyd Eglwys yr Iesu, safle Llyfrgell y Dref heddiw, ar dir rhoddedig gan Bumed Ardalydd Londonderry. Ei bwrpas oedd ateb yr angen am 'wasanaethu poblogaeth ddwyieithog' oddimewn i Eglwys Loegr. Yr hyn a oedd yn gyfrifol am seisnigeiddio tref Machynlleth yn ystod ail hanner y bedwaredd ganrif ar bymtheg oedd polisi iaith yr Ysgol Genedlaethol, y staff Seisnig niferus a ddygwyd i Blas Machynlleth gan y Londonderrys, a dyfodiad y rheilffordd ym 1863. Dymchwelwyd Eglwys yr Iesu ym 1965.

90. Deacons of Maengwyn Chapel c.1950: *Blaenoriad Capel Maengwyn, tua 1950.*

Llewelyn Jenkins: B. Brooks-Evans: E. Reynolds Jones
Hugh Jones: Tom Powell: Rev'd/Parch W.J. Thomas: John Parry: William Jones.

The photograph was taken in the Machynlleth Junior School Yard with the school canteen in the background. The venue was appropriate because Llewelyn Jenkins was the headmaster of the school and both he and his predecessor, Tom Powell, had between them appproximately sixty years service as headmasters of the school.

Tynnwyd y llun uchod ar iard Ysgol Gynradd Machynlleth gyda ffreutur yr ysgol yn y cefndir. 'Roedd y safle yn un addas oblegid Llewelyn Jenkins oedd prifathro'r ysgol, a rhyngddynt, 'roedd ef a'i ragflaenydd, Tom Powell, wedi gwasanaethu fel prifathrawon yr ysgol am oddeutu trigain mlynedd.

91. Harvest Thanksgiving at the English Presbyterian Chapel c.1950:
Gwasanaeth Diolchgarwch y Capel Presbyteraidd Saesneg tua 1950.

On the right is the Rev'd F.W. Thomas, pastor, and on the left is Miss Blanche Pierce, organist at the chapel for well over fifty years.

Ar y dde mae'r gweinidog, y Parch F.W. Thomas, ac ar y chwith mae Miss Blanche Pierce, organydd y capel am fwy na hanner can mlynedd.

92. St Peter's Church, Bellringers c.1953: *Clochyddion, Eglwys Sant Pedr, tua 1953.*

Back row/ Rhes gefn. Roy Edwards: Billy Roberts: Keith Blayney: Jack Thomas: Frank Lloyd.
Middle row/Rhes ganol. David Fearn: Gilbert Venables: Rev'd / Parch R.E.Williams (curate/
curad): Jack Price: Bert Fearn.

Front row/Rhes flaen. Mrs Williams: Charles Davies: Rev'd Llewelyn Hughes (rector/rheithor):
David Williams: Mrs M.Hughes.

photo/llun : Benjamin Pearce

93. Machynlleth British School. Infants Class 1890:
Ysgol Brydeinig Machynlleth, Dosbarth Babanod 1890.

This photograph, taken in the yard of the school which occupied the former Capel Norton in Llynlloedd Lane, shows the class with Daniel Jones (headmaster) and Margaret Humphreys (assistant mistress). The school had opened on May 10th 1886.

Mae'r llun hwn, a dynnwyd ar iard yr ysgol a leolwyd ar safle Capel Norton ar ffordd y Llynlloedd, yn dangos y dosbarth gyda Daniel Jones (prifathro) a Margaret Humphreys (athrawes). 'Roedd yr ysgol wedi agor ers Mai 10ed, 1886.

photo/llun : Esther Davies

94. Machynlleth Council School c.1916: *Ysgol y Cyngor, Machynlleth, tua 1916.*

Tom Powell (headmaster/prifathro); Mary Rees, left/chwith; Blodwen Humphreys, right/de (assistant teachers/athrawon cynorthwyiol).

The British School closed on February 1st 1895 and the management of the school was immediately taken over by the Machynlleth School Board. The change affected neither the staff nor the pupils. The Board was, in turn, taken over by the County Council on September 30th 1903 and the school became known as the Machynlleth Council School. The school, in the meantime, had moved from Capel Norton to new premises on Thursday February 12th 1903.

Caewyd yr Ysgol Brydeinig ar Chwefror 1af, 1895, a daeth yr ysgol o dan reolaeth Bwrdd Ysgol Machynlleth yn ddiymdroi. Ni chafodd hyn unrhyw effaith ar y plant na'r athrawon. Ar Fedi 30ain, daeth y Bwrdd yntau, yn ei dro, o dan reolaeth y Cyngor Sir, a chawsai'r ysgol ei hadnabod fel Ysgol y Cyngor, Machynlleth. Yn y cyfamser fe symudwyd yr ysgol o Gapel Norton i'w safle newydd ar Ddydd Iau, Chwefror 12ed, 1903.

95. The County Intermediate School and Greenfields c.1900:
Yr Ysgol Sir Ganolradd a Greenfields, tua 1900.

This view of Machynlleth from the Wylfa shows the County Intermediate School (opened 1898) and the recently built Greenfield Terrace. Both developments flanked the new school playing field. Greenfield Terrace was built by a syndicate which included the Clerk to the School Governors, John Rowlands. The site had been sold by the School Governors in 1898 on condition that ' the rental of each house should not be less than £10 p.a., it being considered necessary that the houses confronting the school be above average'.

Dengys yr olygfa hon o'r dref o ben yr Wylfa yr Ysgol Sir Ganolradd (agorwyd 1898) a Theras Greenfield a oedd newydd gael ei hadeiladu. 'Roedd y ddau ddatblygiad yma wrth ochr maes chwarae'r ysgol newydd. Adeiladwyd Teras Greenfield gan gwmni a gynhwysai Glerc Rheolwyr yr Ysgol, John Rowlands. Gwerthwyd y safle i Reolwyr yr Ysgol ym 1898 ar yr amod 'na fyddai rhent yr un tŷ yn is na £10 y flwyddyn, gan y credid y dylai safon tai a wynebai'r ysgol fod yn uwch na'r cyffredin'.

photo/llun : Geo H Peate, Llanbrynmair

96. Council School Gardening Class c.1910: *Dosbarth Garddio, Ysgol y Cyngor, tua 1910.*

Tom Powell (right), headmaster from 1902 to 1935, was one of the longest serving headmasters in the history of the town. He was initially appointed as an assistant master in 1897. Mr Powell introduced practical elements into the school timetable which in their day were innovatory. These included gardening, typewriting and drama.

Tom Powell (de), a fu'n brifathro o 1902 hyd 1932, oedd un o'r prifathrawon a roddodd y gwasanaeth hwyaf yn hanes y dref. Daeth yno ar y dechrau fel athro cynorthwyol ym 1897. Cyflwynodd Mr Powell elfennau ymarferol i amserlen yr ysgol, peth newydd iawn yn y cyfnod hwnnw. Cynhwysent arddio, teipio a drama.

photo/llun : W. Jenkins, Aberystwyth

97. Machynlleth National School. Japanese Action Song at the Town Hall Eisteddfod c.1920:
Ysgol Genedlaethol Machynlleth. Can Actol Japaneaidd yn yr Eisteddfod yn Neuadd y Dref,
tua 1920.

Back row/Rhes gefn. Edith Roberts: Olwen Jones: Myfi Ellis: Margaret Currie (teacher/athrawes): Ena Hamer: Eunice Edwards: Daisy Jones.

Front row/Rhes flaen. Annie Lamont: Rosie Jones: Lona Jones: Mary Owen: Sylvia Hamer: Emma Fleming.

98. Machynlleth Senior School: *Ysgol Hŷn Machynlleth.*

This school was opened in the former National School (Church of England School) in 1937 for senior pupils from the town and country districts of Darowen, Penegoes, Aberhosan, Uwchygarreg and Derwenlas.

Extreme right/Y dde eithaf: D.J. Thomas (headmaster/ prifathro), Maude Micah, Lona Thomas.

Agorwyd yr ysgol hon yn yr hen Ysgol Genedlaethol (Ysgol Eglwys Loegr) ym 1937, ar gyfer disgyblion o'r dref ac ardaloedd gweledig Darowen, Penegoes, Aberhosan, Uwchygarreg a Derwenlas.

99. Machynlleth County School: Football team 1953-1954 season.
Ysgol Sirol Machynlleth: Tim Peldroed, tymor 1953 - 1954.

Back row/Rhos gefn: Roy Callow: John Griffiths: Ken Humphreys: Roger Rowlands: Gareth Jones: Geraint Brooks-Evans: Emyr Jenkins: Trevor Holt.

Front row/Rhes flaen. Bill Evans: Stuart Griffiths: Roy Beavon: R.Alun Evans: Gareth Brooks-Evans.

100. G.W. Griffiths c.1890: *G.W.Griffiths, tua 1890.*

G.W. Griffiths was a founder member of the Machynlleth Urban District Council on January 3rd 1895. Mr Griffiths was also a member of the Parish Vestry and the Board of Guardians. He was a local businessman with a timber yard in Doll Street. Mynydd Griffiths was named after him.

'Roedd G.W. Griffiths yn un o'r aelodau a sefydlodd Gyngor Dosbarth Trefol Machynlleth ar Ionawr 3ydd, 1895. 'Roedd Mr Griffiths hefyd yn aelod o Festri'r Plwyf a'r Bwrdd Gwarchodwyr. Gŵr busnes lleol ydoedd yn berchen ar iard goed yn Heol y Doll. Ef roddodd ei enw i Fynydd Griffiths.

101. David Evans, Pendre, (1841-1914).

David Evans was a solicitor in Machynlleth. He was the first Town Clerk to Machynlleth Urban District Council in January 1895. He was a clerk to David Howell, solicitor, in the early 1860s when David Howell was heavily involved in the arrangements to build the Newtown and Machynlleth railway. David Evans, later, became a partner in the solicitors' firm which became known as Howell, Evans and Gillart.

Cyfreithiwr ym Machynlleth oedd David Evans. Ef oedd Clerc cyntaf y Cyngor Dosbarth Trefol yn Ionawr 1895. Gweithiai fel clerc i'r cyfreithiwr David Howell yn yr 1860au cynnar pan oedd David Howell yn brysur iawn gyda threfniadau adeiladu'r rheilffordd rhwng y Drenewydd a Machynlleth. Yn ddiweddarach, daeth David Evans yn bartner mewn cwmni o gyfreithwyr a adnabuwyd fel Howell, Evans a Gillart.

102. Opening of the Esgair Eira Waterworks 1898: *Agoriad Gwaith Dŵr Esgair Eira, 1898.*

On Thursday, June 8th 1898, Cllr D.Davies Williams, chairman of Machynlleth Urban District Council, opened the new Esgair Eira Waterworks to give Machynlleth its first piped water supply. Those present included Councillors Edmund Gillart, Richard Gillart, G.W.Griffiths, John M.Breese, Henry Lewis, Richard Rees. Also Col.Pryce Jones M.P., A.C.Humphreys-Owen M.P., John Rowlands, Clerk to the Council, Dr A.O.Davies, Medical Officer of Health, John Jones, surveyor.

Agorwyd gwaith dŵr Esgair Eira i roi i Fachynlleth ei chyflenwad cyntaf o ddŵr pibell gan y Cynghorydd D.Davies Williams, Cadeirydd Cyngor Dosbarth Trefol Machynlleth, ar Ddydd Iau, Mehefin 8ed, 1898. Ymhlith y rhai oedd yn bresennol ar yr achlysur hwn 'roedd y Cynghorwyr Edmund Gillart, Richard Gillart, G.W.Griffiths, John M.Breese, Henry Lewis a Richard Rees. Yno hefyd 'roedd Cyrnol Pryce Jones A.S., A.C.Humphreys-Owen A.S., John Rowlands, Clerc y Cyngor, Dr A.O.Davies, Swyddog Iechyd a John Jones, Arolygwr Tir.

103. Opening of the Sewage Works 1908: *Agor y Gwaith Carffosiaeth, 1908.*

The Machynlleth Sewage Works was opened on Friday, September 11th 1908. It was designed by Lowcock and Phelps and constructed by Ward and Tetley of Bradford at a cost of £4376-5s-10d. The opening ceremony was performed by Cllr Henry Lewis.

Agorwyd Gwaith Carffosiaeth Machynlleth ar Ddydd Gwener, Medi 11eg, 1908. Cynlluniwyd ef gan Lowcock a Phelps, ac fe'i adeiladwyd gan Ward a Tetley o Bradford. Y gost y pryd hynny oedd £4376-5s-10d. Cynhaliwyd seremoni agoriadol, ac agorwyd y gwaith gan y Cyng. Henry Lewis.

104. Machynlleth Board of Guardians and officials 1914:
Bwrdd Gwarchodwyr Machynlleth a swyddogion, 1914.

Boards of Guardians were established throughout the country in the 1830s to serve a union of parishes. Those who served on the Board were elected by ratepayers and property owners. They carried out some of the functions which were later done by the local authorities. The first meeting of the Machynlleth Union Board of Guardians was held on March 27th 1839. The Machynlleth Union consisted of all the parishes in the Dovey Valley and all parishes to the north of the Dovey Estuary as far west and including Tywyn. Seated at the end of the second row are Mr and Mrs John Jones (Gwladwr) who were master and matron of the workhouse between March 1889 and March 1916. He was also the Relieving Officer of the poor of Machynlleth. Fourth from the right in the same row is Dr Alfred.O.Davies, Medical Officer of Health.

Sefydlwyd Byrddau Gwarchodwyr ar hyd a lled y wlad yn ystod y 1830au i wasanaethu casgliad o blwyfi. Etholwyd aelodau'r Bwrdd gan y trethdalwyr a pherchnogion eiddo. Hwy oedd yn gyfrifol am gyflawni rhai o'r dyletswyddau a ddaeth yn rhan o waith yr awdurdodau lleol yn ddiweddarach. Cyfarfu Bwrdd Gwarchodwyr Undeb Machynlleth am y tro cyntaf ar Fawrth 27ain, 1839. Cynhwysai'r Undeb holl blwyfi Dyffryn Dyfi yn ogystal â'r plwyfi i'r gogledd o aber yr afon Ddyfi gan gynnwys Tywyn. Ar ben yr ail res gweler Mr a Mrs John Jones (Gwladwr), meistr a metron y tloty o Fawrth 1889 hyd Fawrth 1916. Ef hefyd oedd Swyddog Cymorth Machynlleth. Y pedwerydd o'r dde yn yr un rhes yw y Dr Alfred O.Davies, Swyddog Meddygol.

105. Opening of the reconstructed Esgair Eira Waterworks,Llanwrin, May 4th 1929:
Agoriad adluniad Gwaith Dŵr Esgair Eira, Mai 4ydd 1929.

Members of Machynlleth Urban District Council and officials at the opening ceremony.

Aelodau Cyngor Dosbarth Trefol Machynlleth yn y seremoni agoriadol.

Left to right/O'r chwith i'r dde. John Evans Thomas: contractor/contractiwr: C.L.Jones-Evans: Edmund Gillart (seated/yn eistedd) E.Alfred Jones: contractor/contractiwr: Evan Lewis: John M.Breese: David Owen: W.T.Jordan: Trevor Jones: Mrs David Owen: John Jones: Dr Alfred O.Davies: Evan Humphreys: Peter Vaughan: T.H.Evans: —— : —— : —— : May Evans: D.Derwen Jones: John Thomas. Glyn Evans (boy/bachgen)

Seated/yn eistedd. G.J.Roderick, Surveyor/Tirfesurydd: E.P.Humphreys: William P.Evans: contractors/contractwyr:—.

106. Public Inquiry at the Vane Hall, 1947: *Ymchwiliad Cyhoeddus yn Neuadd Vane, 1947.*

In February 1947, there was a Public Inquiry at the Vane Hall due to objections to Council plans to construct seventy houses on land at Llynlloedd. The speaker was Roderick Bowen K.C.

Yn Chwefror 1947, cynhaliwyd Ymchwiliad Cyhoeddus yn Neuadd Vane oherwydd gwrthwynebiadau i fwriad y Cyngor i godi deg a thrigain o dai ar dir y Llynlloedd. Y siaradwr oedd Roderick Bowen C.B.

107. Presentation of the deeds of Cae Crwn, 1948: *Cyflwyno dogfennau Cae Crwn, 1948.*

The Council lost the Inquiry at Vane Hall in 1947 but the Rt. Hon. Ralph Beaumont donated land at Cae Crwn for housing purposes to Machynlleth Urban District Council in February 1948.

Methiant fu bwriad y Cyngor yn yr Ymchwiliad ym 1947, ond cyflwynodd y Gwir Anrhydeddus Ralph Beaumont dir Cae Crwn i'r pwrpas o godi tai arno i Gyngor Dosbarth Trefol Machynlleth ym mis Chwefror 1948.

Left to right/O'r chwith i'r dde: Alderman/Yr Henadur William P.Evans: E.Alfred Jones: R.H.Jones-Evans: Rt.Hon./G.Anrh. Ralph Beaumont: David Williams, (Chairman/Cadeirydd):E.P.Humphreys, (Clerk/Clerc): D.Derwen Jones: Robin Jones: Rowland Rees: Griffith Williams: B.Brooks-Evans (Surveyor/Tirfesurydd).

108. Visit of Harold Wilson to the Town Hall, 1950: *Ymweliad Harold Wilson a Neuadd Dref, 1950.*

Harold Wilson (later Prime Minister) on the stage at the Town Hall during the 1950 election campaign. The Chairman of the meeting was William Jones (centre).

Harold Wilson (Prifweinidog yn ddiweddarach) ar lwyfan Neuadd y Dref yn ystod ymgyrch etholiadol 1950. Cadeirydd y cyfarfod oedd William Jones (canol).

109. Unveiling of Second World War Plaque, 1956. *Dadorchuddio Plac yr Ail Ryfel Byd, 1956.*

Cllr. O.B.James, chairman of Machynlleth Urban District Council, unveils the Second World War Plaque on the War Memorial on Sunday, May 6th 1956. On the left is the Rev'd Canon A.Leslie Evans, rector of Machynlleth.

Gweler y Cynghorydd O.B.James, Cadeirydd Cyngor Dosbarth Trefol Machynlleth yn dadorchuddio plac yr Ail Ryfel Byd ar y Gofeb, Dydd Sul, Mai 6ed, 1956. Ar y chwith mae'r Parchedig Ganon A.Leslie Evans, rheithor Machynlleth.

110. The Opening of the Childrens' Playground at the Plas, 1956:
Agor Maes Chwarae Plant yn y Plas, 1956.

The playground was presented to the Machynlleth Urban District Council by the Rotary Club of Machynlleth.

Cyflwynwyd y Maes Chwarae i Gyngor Dosbarth Trefol Machynlleth gan y Clwb Rotari, Machynlleth.

Seated/Yn eistedd. Goronwy Davies: Gwyn Evans: David Thomas: Delyth Ellis: Rt. Hon./G. Anrh. Ralph Beaumont: Robert Robinson.

Children/Plant. Desmond West: Robert John Davies: Jimmy Phillips: Aled Evans: Robert Spurgeon: Robert Owen: David Williams: Laurence Ellis: David Richard Vaughan.

photo/llun : John D. Holt

111. Presentation of a Chain of Office to the Council, 1963:
Cyflwyno'r Gadwyn Swyddogol i'r Cyngor, 1963.

Col. J.L.Corbett-Winder O.B.E. M.C., the Lord Lieutenant of Montgomeryshire, presenting the Chain of Office to the chairman of Machynlleth Urban District Council, Cllr. Basil Edwards, October 4th 1963.

Cyrnol Corbett-Winder O.B.E. M.C., Arglwydd Raglaw Sir Drefaldwyn, yn cyflwyno Cadwyn Swyddogol i gadeirydd Cyngor Dosbarth Trefol Machynlleth, y Cyng Basil Edwards, ym 1963.

photo/llun : John D. Holt

112. The Opening of the new Council Chamber, 1965: *Agor Siambr newydd y Cyngor, 1965.*

The opening of the new Council Chamber at Plas Machynlleth, May 24th, 1965.

Agor Siambr newydd y Cyngor yn y Plas, Machynlleth, Mai 24ain, 1965.

Back row/Rhes gefn. G.Basil Edwards: Gwilym Lloyd Jones: Iorwerth Rowlands: B.O.Lloyd: H.H.Barker; Ieuan G.Owen:

Front row/Rhes flaen. Mrs Insull-Burman: A.W.Powell (Clerk/Clerc): Rt.Hon./G.Anrh. Ralph E.Beaumont (Chairman/Cadeirydd): E.D.Edwards: Tommy Vaughan: B.Brooks-Evans (Surveyor/Tirfesurydd).

photo/llun : John D. Holt

113. The last Machynlleth Urban District Council: *Cyngor Dosbarth Trefol olaf Machynlleth.*

The last meeting of the Machynlleth Urban District Council was held in 1974 prior to local government reorganization.

Cynhaliwyd cyfarfod olaf Cyngor Dosbarth Trefol Machynlleth ym 1974, cyn ad-drefnu llywodraeth leol.

Back row/Rhes gefn. John E.Bonner: Richard Jones: G.Basil Edwards: J.Arthur Humphreys; John Jones (Foreman/Fforman): O.Burton James: Percy Ward: David Morgan: John D.Holt: John Royles.

Front row/Rhes flaen. Alison McDonald (Secretary /Ysgrifenyddes): Iorwerth Rowlands: B.O.Lloyd (Chairman /Cadeirydd); John H.Parsons (Clerk/Clerc): W.H.Farr (Surveyor/ Tirfesurydd): D.J.Davies (Assistant Clerk/ Clerc Cynorthwyol).

photo/llun : John D. Holt

114. Machynlleth Town Council 1974: *Cyngor Tref Machynlleth 1974.*

The first Mayor of Machynlleth after reorganization, Cllr John Beaumont, receiving a gift from a representative of a Dutch choir watched by the Deputy Mayor, Cllr J.Arthur Humphreys, in 1974.

Y Cynghorydd John Beaumont, Maer cyntaf y dref, yn derbyn rhodd gan gynrychiolydd côr o'r Iseldiroedd ym 1974. Yn gwylio mae'r Dirprwy Faer, y Cynghorydd J.Arthur Humphreys.

Transport/Trafnidiaeth

115. The opening of the Newtown - Machynlleth Railway 1863:
Agoriad Rheilffordd Drenewydd - Machynlleth, 1863.

The above is a print that appeared in the *Illustrated London News*. The print was taken from a photograph by J.Owen of Newtown. The railway was opened on January 3rd 1863 by the Countess Vane of Plas Machynlleth. The proceedings at the opening ceremony were in the charge of Earl Vane (later the 5th Marquess of Londonderry). David Davies, the railway contractor, presented the Countess Vane with a silver spade to mark the cutting of the first sod in 1858.

Dyma lun ymddangosodd yn yr *Illustrated London News*. Fe'i cafwyd o lun a dynnwyd gan J.Owen, Y Drenewydd. Agorwyd y rheilffordd ar Ionawr 3ydd, 1863 gan yr Ardalyddes Vane o Blas Machynlleth. 'Roedd gweithgareddau'r seremoni agoriadol i gyd o dan ofal yr Iarll Vane (5ed Ardalydd Londonderry yn ddiweddarach). Cyflwynodd David Davies, y contractiwr rheilffordd, raw arian i'r Ardalyddes Vane i nodi torri'r dywarchen gyntaf ym 1858.

Valentines

116. The Cambrian Railway Station c1900:
Gorsaf Reilffordd y Cambrian, tua 1900

The railway station building at Machynlleth was designed by Thomas Penson (he also designed Welshpool and Moat Lane) and the plans were submitted to the Board of the Newtown and Machynlleth Railway Company on September 16th 1863. The outer walls were built of Talerddig Stone and, by the time the Newtown and Machynlleth Railway Company amalgamated with others to form the Cambrian Railways on July 25th 1864, the building was under construction.

Cynlluniwyd adeilad gorsaf y rheilffordd gan Thomas Penson (ef hefyd a gynlluniodd y Trallwm a Moat Lane), a chyflwynwyd y cynlluniau i Fwrdd Cwmni Rheilffordd Y Drenewydd a Machynlleth ar Fedi 16eg, 1863. Defnyddiwyd cerrig o Dalerddig i adeiladu'r waliau allanol, ac erbyn yr amser yr unwyd Cwmni Rheilffordd Y Drenewydd a Machynlleth gydag eraill i ffurfio Rheilffordd y Cambrian ar Orffennaf 25ain, 1864, 'roedd y gwaith adeiladu eisioes wedi'i ddechrau.

Railway Station, Machynlleth

Haddon Series

William Haddon. Tipton.

117. Railway Station c.1906: ***Gorsaf y Rheilffordd, tua 1906.***

A busy scene on the forecourt - second from the left is W.E.Evans, bookstall; third from left is Pat Jenkins, station foreman, and seated on the carriage on the right is Maurice Lewis of the Wynnstay Hotel. The latter met most trains for several decades to convey patrons to and from the hotel.

Golygfa brysur o flaen yr orsaf - yr ail o'r chwith yw W.E.Evans, stondin lyfrau; y trydydd o'r chwith yw Pat Jenkins, fforman yr orsaf, ac yn eistedd ar y cerbyd ar y dde gwelir Maurice Lewis, Gwesty'r Wynnstay. Deuai ef i gyfarfod y rhan fwyaf o'r trenau am ddegau o flynyddoedd i gludo gwesteion yn ôl a blaen.

118. Staff on Machynlleth Station c.1900: *Y Staff ar Orsaf Machynlleth, tua 1900.*

The man seated in the centre is W.E.Evans, the bookstall. On his left are George Weaver, Pat Jenkins, station foreman, and Tom Cudworth.

Yn eistedd yn y canol y mae W.E.Evans, y stondin lyfrau. Ar y chwith iddo mae George Weaver, Pat Jenkins, fforman yr orsaf, a Tom Cudworth.

119. The Flood Plain 1904: *Gwastadedd y llifogydd, 1904.*

The Dovey Flood Plain with the railway embankment which carried the first part of the former Aberystwyth and Welsh Coast Railway. The railway line appears to descend into the water at Nawlyn! In the bottom left are the old National School buildings in Doll Street, built in 1829, which were shortly to be replaced by the existing red brick buildings.

Yma gwelir Gwastadedd Llif y Ddyfi gyda chlawdd y rheilffordd a arferai gludo rhan gyntaf Rheilffordd Aberystwyth ac Afordir Cymru. Ymddengys y rheilffordd yn union fel pe bai'n disgyn i'r dŵr wrth Nawlyn! Yng ngwaelod y llun, ar y llaw chwith, mae hen adeiladau'r Ysgol Genedlaethol yn Heol y Doll, a adeiladwyd ym 1829. Cyn bo hir byddai'r adeilad presennol gyda'i friciau cochion yn dod i gymryd ei le.

120. Machynlleth Station, November 1915: *Gorsaf Machynlleth, Tachwedd 1915.*
Left to right/O'r chwith i'r dde. Hector Field: Will Evans: Will Jones: Evan Davies: —— : John Elias Evans.

121. Permanent Way Gang c 1930.
Middle of front row/Canol y rhes flaen. Will Evans: Tom Cudworth: Dick Morris Arthur.

122. The White Lion carriage c.1890s: *Cerbyd Y Llew Gwyn, tua'r 1890au.*

Guests were conveyed to and from the hotel to the railway station and were taken on sight-seeing tours of the district by the hotel carriage.

Cludwyd gwesteion yn ôl a blaen o'r gwesty i'r orsaf, yn ogystal â'u cludo ar deithiau i weld golygfeydd yr ardal gan gerbyd y gwesty.

123. Pony and trap 1890s: *Merlen a thrap. 1890au.*

A pony and trap on the Aberystwyth road near Ogo Fach. The man examining the ice is G.W.Griffiths and the man on the right is John Morgan.

Dyma ferlen a thrap ar ffordd Aberystwyth ger Ogo Fach. Y gŵr sydd wrthi'n archwilio'r rhew yw G.W.Griffiths, a'r gŵr ar dde yw John Morgan.

124. Tricycle c.1910: *Beic Tair Olwyn, tua 1910.*

Left to right/O'r chwith i'r dde. Louis Thomas: David Vaughan: Ricey Owen.

125. The White Horse Hotel carriage c.1915: *Cerbyd Y Ceffyl Gwyn, tua 1915.*

Left to right/O'r chwith i'r dde. Stanley Evans: Mr Owen Dafarn, Penegoes: T.Owen, Eagles Hotel/Gwesty'r Eagles : John Evans, ostler/osler, White Horse/Ceffyl Gwyn.

126. Traction Engine c.1916: *Peiriant Tyniant, tua 1916.*

The road haulage business of David Williams and Sons was started in the mid 1800s by Griffith Williams of the Skinners Arms, Machynlleth. The business was continued by his son Griffith.

After his death, his wife Mary and their son David managed the business. David is pictured in the middle of the picture taken c.1916 at Machynlleth Lower Goods Yard. In the background can be seen the sign of the Corris Railway Station.

Cychwynnwyd busnes cludiant ffordd David Williams a'i Feibion yng nghanol y 1800au gan Griffith Williams, Y 'Skinners Arms', Machynlleth. Parhaodd y busnes o dan ofal ei fab, Griffith. Wedi'i farwolaeth, gofalodd ei wraig Mary a'i fab David am y busnes hwnnw. Gwelir David yng nghanol y llun, a dynnwyd oddeutu 1916, yn yr Iard Nwyddau Isaf, Machynlleth. Yn y cefndir mae arwydd Gorsaf Reilffordd Corris.

127. Williams and Son c.1916: *Williams a'i Fab, tua 1916.*

The traction engine and haulage van bearing the words Williams & Son, Removal and Haulage Contractors, Machynlleth in the Lower Goods Yard c.1916. Machynlleth Railway Station is in the background. The traction engine bears the manufacturer's name Wallis & Stevens Ltd., of Basingstoke. David Williams is on the left and his son, Griffith, is in the cab.

Y peiriant tyniant a'r fan gludo yn dwyn y geiriau Williams & Son, Removal and Haulage Contractors, Machynlleth yn yr Iard Nwyddau Isaf, oddeutu 1916. Mae Gorsaf Reilffordd Machynlleth yn y cefndir. Mae'r peiriant tyniant yn dwyn enw'r gwneuthurwyr Wallis & Stevens Ltd., o Basingstoke. Mae David Williams ar y chwith ac mae ei fab, Griffith, yn y cab.

128. David Williams and Sons. Lorries, c.1948: *David Williams a'i Feibion. Loriau, tua 1948.*

The carriage of stone for the roads was an important part of the David Williams business. Mary Williams had won the contract to remove stone from Nantygerrig-glochdy on Park Common to the Machynlleth Union Workhouse in the 1890s. The inmates then broke the stone into a size which could be used on the roads.

Stone was later moved from Dylife. The three lorries above were used for the carriage of stone. The centre lorry was purchased from the War Department after the Second World War.

'Roedd cludo cerrig ar gyfer y ffrydd yn rhan bwysig o fusnes David Williams. Enillodd Mary Williams y cyntundeb i symud cerrig o Nantygerrig-glochdy ar Gomin y Parc i Dloty Undeb Machynlleth yn y 1890au. Yno byddai'r preswylwyr yn torri'r cerrig i faint addas i'w defnyddio ar y ffyrdd. Yn ddiweddarach symudwyd cerrig o Ddylife. Defnyddiwyd y tair lori uchod i gludo cerrig. Prynwyd y lori ganol o'r Adran Ryfel wedi'r Ail Ryfel Byd.

129. Griffith Williams and Morgan Jones c.1958: *Griffith Williams a Morgan Jones, tua 1958.*

David Williams was succeeded by his sons, Griffith and David. The photograph shows Griffith (left) with Morgan Jones (Moc Bach) at Dylife.

Dilynwyd David Williams gan ei feibion, Griffith a David. Yn y llun uchod gwelir Griffith (chwith) efo Morgan Jones (Moc Bach) yn Nylife.

130. Interior of Central Garage 1966:
Tu mewn i'r 'Central Garage', 1966.

During the 1930s, the business moved to Central Garage in Garsiwn Lane and advertised 1, 2, and 5 ton motor lorries and vans. They also advertised accommodation for 100 cars.

Yn ystod y 1930au, symudodd y busnes i'r 'Central Garage' yn Heol y Garsiwn. Hysbysebent loriau 1, 2, a 5 tunnell yn ogystal â faniau. Ar ben hynny, hysbysebent le i gadw 100 o foduron.

131. Exterior of Central Garage 1966: *Tu allan 'Central Garage' 1966.*

Griff Williams (left) directing repair works at Central Garage, October 1st 1966.

Gweler Griff Williams (chwith) yn cyfarwyddo gwaith cynnal a chadw yn y 'Central Garage', Hydref 1af, 1966.

132. Robin Hugh Thomas 1944.

Robin Hugh Thomas (Robin Hugh Cocos) like his father, Hugh, was a town porter for several decades. One of their main roles was delivering luggage to and from the railway station. On the right are the terraced houses in Maengwyn Street that were demolished in the early 1970s to make way for the Tremyrallt flats.

Bu Robin Hugh Thomas (Robin Hugh Cocos), fel ei dad o'i flaen, yn borter y dref am ddegau o flynyddoedd. Un o'u prif swyddogaethau oedd cludo bagiau yn ôl a blaen o orsaf y rheilffordd. Ar y dde mae tai teras Heol Maengwyn a ddymchwelwyd ar ddechrau'r 1970au er mwyn adeiladu fflatiau Tremyrallt ar y safle.

photo/llun : Ifor Higgon

133. The Upper Yard, Machynlleth, 1939: *Yr Iard Uchaf, Machynlleth, 1939.*

Great Western Railway engine 895, former Cambrian Railways engine 101, at the Upper Yard in Machynlleth on June 10th, 1939. The engine was withdrawn from service in October 1954. It was built by Beyer, Peacock of Manchester in 1908.

Dyma injian 895 Rheilffordd y 'Great Western', cyn injian 101 Rheilffordd y Cambrian yn yr Iard Uchaf ym Machynlleth ar Fehefin 10ed, 1939. Bu'n gwasanaethu hyd Hydref 1954, ac fe'i hadeiladwyd gan Beyer, Peacock o Fanceinion ym 1908.

134. Railway Strike 1954: A.S.L.E.F. members at Machynlleth Bowling Club:
Streic y Rheilffordd 1954: Aelodau A.S.L.E.F. yn y Clwb Bowlio, Machynlleth.

Back row/Rhes gefn. Ogarth Evans: O.B.James: Len Edwards: Fred Callow: Ned Cudworth: Will Hughes: Bill Jones: Ted Edwards: Bill Field: Evan Humphreys: Griff Evans: Tom Evans: Tom Plumb: Bill Neale (Shedmaster/Siedfeistr).

Middle Row/Rhes ganol. Jack Royles: Murray Evans: Dick Williams: Ellis Owen: Syd Lloyd (Secretary/Ysgrifennydd): David Lloyd Davies (Chairman/Cadeirydd): Dick Edwards: Hugh R.Humphreys: Roger Rowlands: Erwyn Jones: Emlyn Evans: Llew Roberts.

Front row/Rhes flaen. Neville Pritchard:Ted Pugh: Gareth Jones: Gwilym Evans: David Hughes: Dewi Lewis: D.Evans:William J.Jones: Oswald Bebb: George Fleming.

135. The Upper Yard c.1964: *Yr Iard Uchaf, tua 1964.*

The Pannier Tank engine 7405 in the Upper Yard c.1964 with driver David Lloyd Davies (left) and Albert Taylor. These engines worked the yard in Machynlleth for several decades.

Yma gwelir injian 7405 y 'Pannier Tank' yn yr Iard Uchaf, oddeutu 1964, gyda'r gyrrwr David Lloyd Davies (chwith) ac Albert Taylor. Dyma'r peiriannau a weithiai yn yr iard ym Machynlleth am ddegau o flynyddoedd.

photo/llun : London Midland Region (B.R.)

136. The Cabin at the Upper Yard: *Y Caban yn y Iard Uchaf.*

The Cabin on the Upper Yard on December 15th 1965, just a year before the depot ceased to operate steam locomotives.

Dyma'r Caban yn yr Iard Uchaf ar Ragfyr 15ed, 1965, tua blwyddyn cyn i'r depot roi'r gorau i weithio'r locomotif stem.

Left to right/O'r chwith i'r dde. Eurwyn James (fireman /taniwr): Tom Evans (driver/gyrrwr): A.Jones (fireman / taniwr): David Bowyer (fireman/taniwr): David Lloyd Davies (driver/gyrrwr).

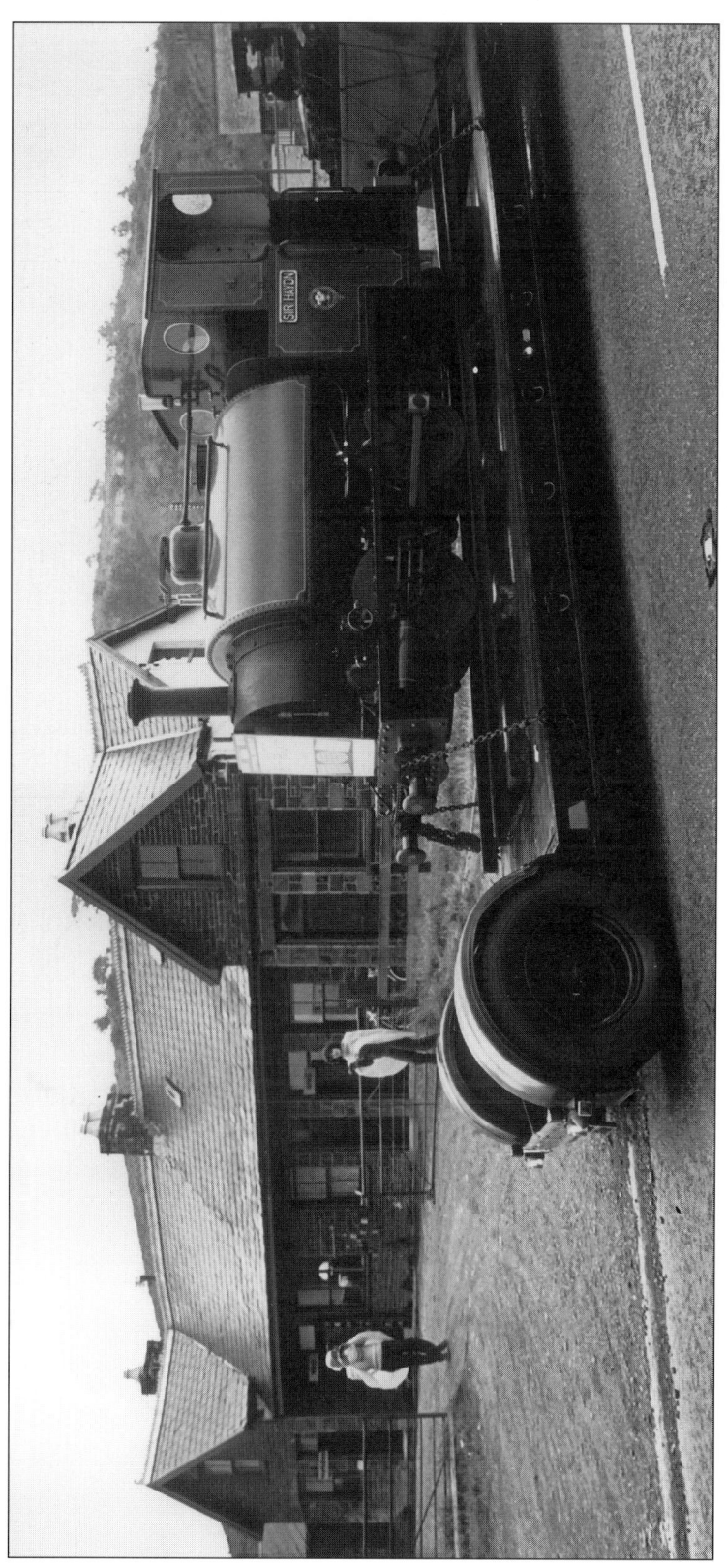

photo/llun : Patrick Smith

137. Corris Railway Station 1978: *Gorsaf Reilffordd Corris 1978.*

A nostalgic photograph taken in 1978 of the Talyllyn Railway engine 'Sir Haydn' passing the Corris Railway Station in Machynlleth. The engine was formerly the Corris Railway engine No.3 and was sold to the Talyllyn Railway Preservation Society in 1951.

Llun llawn hiraeth a dynnwyd o injian Rheilffordd Talyllyn, 'Sir Haydn', yn pasio Gorsaf Reilffordd Corris ym Machynlleth. Gynt arferai'r injian hon fod yn injian Rhif 3 Rheilffordd Corris. Gwerthwyd hi i Gymdeithas Warchod Rheilffordd Talyllyn ym 1951.

photo/llun : John. D. Holt

138. The Crosville Motor Garage 1961: *Garej Fotor Crosville, 1961.*

This spacious depot for the Crosville Company in Doll Street, Machynlleth was opened in 1934. The crowds were assembled at the time of the arrest of Robert Boynton in August 1961 (the Police Station was opposite the Crosville Garage). The arrest followed the shooting of P.C. Arthur Rowlands at Dovey Bridge.

Agorwyd depot eang ar gyfer Cwmni Crosville yn Heol y Doll, Machynlleth ym 1934. Casglodd tyrfa ynghyd i weld Robert Boynton yn cael ei arestio yn Awst 1961, ('roedd Gorsaf yr Heddlu gyferbyn â Garej Crosville). Daliwyd Boynton wedi iddo saethu cwnstabl yr heddlu, Arthur Rowlands ger Pontarddyfi.

photo/llun : Patrick Smith

139. Floodwater 1978: *Llifogydd 1978.*

A familiar sight and centuries old problem was flood water on the main road between the Railway Station and Dovey Bridge. In this 1978 flood, the Crosville bus to Aberdovey and Tywyn came to an abrupt halt only two hundred yards from the bus depot.

Golygfa gyfarwydd a phroblem canrifoedd yw llifogydd ar y briffordd rhwng Gorsaf y Rheilffordd a Phontarddyfi. Yn y llifogydd arbennig yma, a welwyd ym 1978, cafodd y bws Crosville hwn ei ddal ddau can llath yn unig o'r depot.

Leisure and Entertainment /
Hamdden ac Adloniant

photo/llun : Benjamin Pearce

140. Machynlleth Football Club on Isaac Evans's Field, Doll Street, c.1888:
Clwb Peldroed Machynlleth ar gae Isaac Evans, tua 1888.

Standing second from left / Yn sefyll yr ail o'r. chwith; Robert Humphreys. Fifth from left/
Pumed o'r chwith: Owen Holt.
Third from right/Trydydd o'r dde: Owen Arthur. Seated on left/Yn eistedd ar y chwith: Teddy
Roberts. Captain/Capten: Richard Humphreys.

photo/llun : S. Carasov

141. Machynlleth Institute Football team 1906 - 1907.
Tîm Peldroed yr Institiwt, Machynlleth.

The Machynlleth Institute was formed at a meeting in the former Board School building in Llynlloedd Lane (formerly Capel Norton) on Tuesday, October 20th, 1903. Thereafter, they met regularly at the old Board School until David Davies of Llandinam built the Owain Glyndwr Institute and formally handed it to the Machynlleth Urban District Council in 1912.

Sefydlwyd Institiwt Machynlleth mewn cyfarfod yn adeilad yr hen Ysgol Fwrdd ar Ffordd y Llynlloedd (sef Capel Norton) ar Ddydd Mawrth, Hydref 20fed, 1903. Wedi hynny cyfarfyddent yn rheolaidd yn yr adeilad hwnnw hyd nes i David Davies, Llandinam, adeiladu Sefydliad Owain Glyndŵr a throsglwyddo'r adeilad i Gyngor Dosbarth Trefol Machynlleth ym 1912.

Aelodau'r Tîm Peldroed yn nhymor 1906 - 1907 oedd:-

The members of the football team in 1906-1907 were:-
Back row/Rhes gefn. Evan Jones B.A (Deputy Headmaster of the County School/ Dirprwy Brifathro'r Ysgol Sir): Owen Morris: David T. Davies: J. Vaughan Owen: D. Hugh Morgan: Johnny Williams.

Middle row/Rhes ganol. Jimmy Jenkins: Tom Ward: Evan Jones: Jack Jenkins.

Front row/Rhes flaen. John Owen Holt: —— : Will Thomas.

photo/llun : B.M.Pearce

142. Machynlleth Golf Club, 1913: *Clwb Golff Machynlleth, 1913.*

The crowds on the fairways during the visit of the well known golfing professionals J.H.Taylor and Harry Vardon.

Yma gwelir y tyrfaoedd ar y ffordd deg yn ystod ymweliad y golffwyr proffesiynol enwog, J.H.Taylor a Harry Vardon.

143. Machynlleth Institute Bowling Club, 1914.
Clwb Bowlio Institiwt Machynlleth, 1914.

Back/Cefn. Evan Meredith Jones: John Morris Hughes: Brinley Humphreys: D.Derwen Jones: Edward Stephen Breese: Albert Evans.

Middle/Canol. W.Lewis: Johnny Williams: David Morris: David Phillip Jones: William Humphreys: Robert Roberts: John Thomas (Insurance/Ysweiriant): Evan Maldwyn Jones: Augustus Roberts: —— : Evan Lewis.

Front/Blaen. J.W.Lane: Edward Breese: J.Ackerley: H.A.Hammond: George Weaver: John Lumley: D.E.Griffiths: —— : Herbert Jackson: Tom Parsons: W.E.Evans: T.H.Evans.

photo/llun : B.M.Pearce

144. Machynlleth Tennis Club 1915: *Clwb Tenis Machynlleth 1915*.

Back row/Rhes gefn. Rev'd/Parch, Fred Davies: Lona Morgan: David Jones: Myfanwy Morgan: Justin Davies: —— : Amelia Breese: D.Griffiths: Lily Jones: Agnes Breese: Huw Lumley: Miss Pritchard (Post Office/Swyddfa Bost): Noel Jenkins: Evan Jones B.A. (Deputy Head County School/Dirprwy Brifathro'r Ysgol Sir): J.G.Jenkins (N.P.Bank/ Banc yr N.P.) Mrs John Lumley: Belgian refugee/Ffoadur o Wlad Belg.

Middle row/Rhes ganol.   Gladys Leighton: Jennie Lumley: Katie Breese: Ethel Breese: Sarah Hughes (Mathafarn): Miss Jenkins (County School/Ysgol Sir): May Breese: Lizzie Mary Lewis: Mrs Leighton: Mrs Fred Davies: Mrs Foulkes Jones, Bodlondeb: Belgian Refugee: Lily Lumley.

Front row/Rhes flaen. J.Leighton: Evans (N.P.Bank/Banc yr N.P.): Edward S.Breese: —— : Edwards (Barclays Bank) Nora Davies: D.J.Micah.

145. Machynlleth Bowling Club, 1935. *Clwb Bowlio Machynlleth, 1935.*

Back row/Rhes gefn. J.W.Lane: V.Jones: Rhys Lewis: H.Hunt: Dan Pryce: B.Jones: J.Jones: R.Williams: George E.Parry: J.Jones: Will Lloyd: Harry Davies: H.Nunney: J.Williams: Mr Pritchard.

3rd row/3edd res. Pierce Ellis: Griff Thomas: Mr Williams: Dan Jones: Charlie Davies: Jack Williams: Emrys Morgan.

2nd row/Ail res. Mr Pritchard: George Parry: Harold Townsend: G.A.Bennett: Dr Tom Davies: J.Johnson: George Caffrey: Louis Williams.

Front row/Rhes flaen. Hywel Williams: Thomas Hughes.

photo/llun : Pickford

146. Welsh Amateur Cup winners, 1931 - 1932.
Enillwyr Cwpan Amatur Cymru, 1931 - 1932.

On April 30th 1932, Machynlleth defeated Cardiff Corinthians 3 - 0 at Aberystwyth to win the Welsh Amateur Cup. The above photograph was taken on the lawn of the Owain Glyndŵr Institute.

Ar Ebrill 30ain 1932, curodd Machynlleth Gorinthiaid Caerdydd o 3 - 0 yn Aberystwyth, a thrwy hynny ennill Cwpan Amatur Cymru. Tynnwyd y llun uchod ar lawnt Sefydliad Owain Glyndŵr.

Standing/Yn sefyll. Jim Price: Ifor Fielding: Huw Lumley: Bill Lewis: John D.Davies: Reg Lewis.

Seated/Yn eistedd. Jackie Price; Ned Price: Ivor Hobby: Syd Protheroe: Harry Benbow.

147. Machynlleth Rugby Club c.1936: *Clwb Rygbi Machynlleth, tua 1936.*

During the pre-war years, Machynlleth Rugby Club played on the field adjoining the road to the ash tip (note the railway station in the background).

Yn ystod y blynyddoedd cyn y rhyfel, chwaraeai Clwb Rygbi Machynlleth ar y cae yn ymyl y ffordd a arweiniai i'r tip lludw (sylwer ar orsaf y rheilffordd yn y cefndir).

Back row/Rhes gefn. David Prosser: Richard Jones: John Roberts: Edward Roberts (Headmaster Aberhosan/Prifathro Aberhosan): Dick Jones: Harold Roberts: Ken Ellis: Gwyn Evans: Oswald Nunney: Percy Lewis.

Front row/Rhes flaen. D.B.Evans: Huw Parry: Bodvan Evans: Elwyn Richards: Gordon Williams: Patrick Dalton.

148. Salmon from the River Dovey: *Eogiaid o'r Afon Ddyfi.*

On Monday July 3rd 1939, Sam Davies (left) caught a 29lb salmon and his brother Bob (centre) caught a 14lb salmon. Bob Davies Jnr (Montana) helps to display the catch in the yard of John Thomas, chemist, Penrallt Street.

Dydd Llun, Gorffennaf 3ydd 1939, daliodd Sam Davies (chwith) eog yn pwyso naw pwys ar hugain, a daliodd ei frawd, Bob, (canol) eog yn pwyso pedwar pwys ar ddeg. Mae Bob Davies Ieuangaf (Montana) yn cynorthwyo i arddangos y pysgod yn iard John Thomas, fferyllydd, Heol Penrallt.

photo/llun : George Eldridge

149. Institute Snooker team, early 1950s: *Tîm Snwcer yr Institiwt yn y 1950au cynnar.*

The Machynlleth Institute Snooker team with the Clare Challenge Cup for teams in the Merioneth and Montgomeryshire League.

Dyma dîm Snwcer yr Institwt, Machynlleth gyda Chwpan Sialens Clare i dimau yng nghyngrair Meirionnydd a Maldwyn.

Back/Cefn. Ieuan Lewis: Brian Owen: Edward Vaughan: Gwyn Roderick.
Front/Blaen. Maldwyn Humphreys: Ivor Thomas.

photo/llun :
John D. Holt

150. Plas Machynlleth Foxhounds, early 1960s:
Cŵn Hela Plas Machynlleth yn y 1960au cynnar.

Harry Roberts, huntsman, leading the Plas Machynlleth Foxhounds past the shop in Forge.

Dyma Harry Roberts, yr heliwr, yn arwain Cŵn Hela Plas Machynlleth heibio'r siop yn y Bontfaen.

photo/llun : John.D.Holt

151. The Milk Race, 1960s: *Y Ras Laeth, 1960au.*

Riders in the Milk Race which covered most of Britain negotiating the Town Clock junction on their way to Aberystwyth.

Uchod gwelir beicwyr yn y Ras Laeth a deithiai dros ran helaeth o Brydain yn mynd heibio Cloc y dref ar eu ffordd i Aberystwyth.

152. Eisteddfod Gadeiriol Maldwyn, 1883.

The Gorsedd was held on the Gruthun on June 8th 1883. The large man with the crook is the bard Hwfa Môn. Next to him are Richard Rees and David Evans, secretary and vice-chairman respectively of the Eisteddfod. Holding the cornet is John Edwards and the harpist is John Roberts, Telynor Cymru. The Eisteddfod was held over the ensuing two days on Cae Garsiwn. Among the artistes at the evening concert on June 8th were Mary Davies, London, Eos Morlais and Joseph Parry.

Cynhaliwyd Gorsedd y Beirdd ar y Gruthun ar Fehefin 8fed, 1883. Hwfa Môn, y bardd, yw'r gŵr mawr sy'n dal ffon. Wrth ei ochr mae Richard Rees, ysgrifennydd, a David Evans, is-gadeirydd yr Eisteddfod. John Edwards yw'r gŵr a chornet, â'r telynor yw John Roberts, Telynor Cymru. Cynhaliwyd yr Eisteddfod ar y ddau ddydd canlynol ar Gae'r Garsiwn. Ymhlith yr artistiaid yn y cyngerdd min nos, Mehefin 8fed, 'roedd Mary Davies, Llundain, Eos Morlais a Joseph Parry.

photo/llun : Benjamin Pearce

153. The Machynlleth Drum and Fife Band c.1894:
Band y Drwm a'r Bib, Machynlleth, tua 1894.

The Drum and Fife Band marched at most processions of the Maglona Lodge of Good Templars in the 1890s.

Byddai Band y Drwm a'r Bib yn ymdeithio yn y rhan fwyaf o orymdeithiau'r 'Maglona Lodge of Good Templars' yn y 1890au.

Centre/Canol (seated/yn eistedd). H.R.Humphreys.
Extreme left/Y chwith eithaf (seated/yn eistedd). Owen Arthur.

154. Machynlleth Male Voice Choir, 1909. *Côr Meibion Machynlleth, 1909.*

Seated/Yn eistedd. William Williams (Secretary/Ysgrifennydd): Henry Lewis (Chairman/ Cadeirydd): Mrs Trevor Jones (Accompanist/Cyfeilydd): John O.Williams (Conductor/ Arweinydd): John Evans, Maengwyn Stores (Treasurer/Trysorydd):

First row/Rhes Gyntaf. A.B.Roberts: David Williams: J.Trevor Jones: William R.James: Edward Edwards: John Evans (London/ Llundain): Daniel Jones: John Evans (Commins Coch): David Morgan.
Second row/Ail Res. John Hughes: E.Alfred Jones: Thomas Davies: John Morris: J.Pritchard: Richard Hughes: W.O.Jones: D.Lloyd: J.J.Ellis: Robert Edwards: R.Ernest Jones: James Morgan: G.Foulkes Roberts.
Third row/Y Drydedd Res. R.Llewelyn Jones: D.Emrys Lewis: J.D.Edwards: E.Meredith Jones: William Parry: Richard Parry: David Morris: A.Charles: W.E.Evans: Iorwerth Jones: John Lumley:
Fourth row/Y Bedwaredd Res. Osborne Morgan: Evan Evans: David Morgan (South Wales/ De Cymru): Richard J.Jones: A.Meredith: J.Vaughan Jones: Owen Morris: Fred Lumley (Chicago): Richard Jones: John Williams.

Fifth row/Y Bumed Res. Robert Pritchard: Richard Jones: D.Derwen Jones: Edward Owen: William A.Breese: John Jones: Richard Owen: A.Mason: Phillip Lewis: Richard Evans: W.D.Lewis.

155. Machynlleth Juvenile Choir, 1910: *Côr Ieuenctid Machynlleth, 1910.*

Centre left/Canol chwith. Mr a Mrs Trevor Jones, conductor and accompanist/arweinydd a chyfeilydd.

156. Machynlleth Town Band c.1919: *Seindorf Tref Machynlleth, tua 1919.*

Machynlleth Town Band marching at Newtown.
Seindorf Tref Machynlleth yn gorymdeithio yn y Drenewydd.

photo/llun : Culliford. Aberystwyth

157. Machynlleth Town Band, National Eisteddfod Winners 1927.
Seindorf Tref Machynlleth, enillwyr Eisteddfod Genedlaethol 1927.

Back row/Rhes gefn. W.T.Jordan: J.F.Thomas: E.Davies: J.T.Edwards:W.Humphreys: E.J.Jones: C.Davies: D.Owen.

Middle row/Rhes ganol. E.Alfred Jones: N.Latham: E.Edwards:W.S.Jones: F.Caffrey: E.Morgan: R.Jones: J.Lumley.

Front row/Rhes flaen. G.H.Smith: Evan Evans: T.James: G.Fleming: P.H.Lewis: H.Hunt (Bandmaster/Seindorfeistr): Henry Lewis: R.D.Jones: George Weaver: J.E.Evans: A.Jones: W.P.Evans: (either side of drum Harry Davies: Alf Caffrey)

158. David Lloyd George on the Wynnstay Hotel balcony 1932.
David Lloyd George ar falconi Gwesty'r Wynnstay, 1932.

David Lloyd George salutes the parade of Welsh youth from the Wynnstay Hotel balcony during the Urdd National Eisteddfod 1932.

David Lloyd George yn cyfarch gorymdaith o ieuenctid Cymru yn ystod Eisteddfod Genedlaethol yr Urdd, 1932.

159. Urdd Eisteddfod 1932. *Eisteddfod yr Urdd, 1932.*

David Lloyd George addresses the audience. He describes Machynlleth as follows: 'an old, fair and famous town that is like a tree planted on the banks of the Dovey bringing forth fruit for each generation in season and where leaves never wither'.

Yma gwelir David Lloyd George yn annerch y gynulleidfa. Fel hyn mae'n disgrifio Machynlleth: 'tref hynafol, hardd ac enwog sydd fel coeden wedi'i phlannu ar lannau'r Ddyfi yn dwyn ffrwyth ar gyfer pob cenhedlaeth yn ei thro, a'i dail byth yn gwywo'.

160. The National Eisteddfod Choir 1937: *Côr Eisteddfod Genedlaethol, 1937.*

The choir outside the pavilion at Llynlloedd with the Machynlleth section conductor, Evan Maldwyn Jones, seated on the grass to the extreme right.

Dyma'r côr y tu allan i'r pafiliwn ar gaeau'r Llynlloedd gydag arweinydd adran Machynlleth, Evan Maldwyn Jones, yn eistedd ar y gwair ar y dde eithaf.

161. Machynlleth Male Voice Choir. National Eisteddfod Winners at Cardiff 1938.
Côr Meibion Machynlleth, enillwyr yn Eisteddfod Genedlaethol Caerdydd, 1938.

Back row/Rhes gefn. Meirion Williams: Job Williams: Ioan Williams: Idwal Vaughan: T.J.Davies: Robin Jones: Cornelius Jones: Griff Evans: John Jones: Dick Lewis: Alun Owen: Richard Hughes: Will Davies: Tom Owen.

Middle row/Rhes ganol. Humphrey Jones: G.Oliver: William Davies: Tom Jones: Lawton Davies: J.T.Edwards: Douglas Evans: John E.Bonner: J.Edwards: Gomer Edwards: D.Martin: R.Richards: G.Pugh: Tommy Vaughan.

Front row/Rhes flaen. D.J.Evans: Iowerth Hughes: Hector Field: Howard Williams: Will Lloyd: Evan Maldwyn Jones (conductor/arweinydd): Mrs L.Briwnant Jones (accompanist/cyfeilydd): Richard Jehu: David Davies: David Lloyd Davies: Huw Lumley.

photo/llun : H.G.Pickford & Son

162. 'Blodwen' late 1930s: *'Blodwen', diwedd y 1930au.*
Town Hall: Neuadd y Dref

Back row/Rhes gefn. Edgar Roberts: Rees Morgan: Alf Evans:
Alun Price: —— : —— : —— : —— : —— .
5th row/5ed Res. L.Briwnant Jones: Deborah McCarthy: Rosie Davies: Alf Williams: Mrs
Rees Morgan: Edgar Davies: Mrs Evans (Cwmllinau): Iorwerth Davies: Willie Breese: Lawton
Davies: Arthur Price: Muriel Williams: Dilys Owen : Gwyneth Evans: Florrie Jenkins: Blodwen
Jones: Doreen Morgan: Eunice Humphreys: Katie Humphreys: Minnie Jones: Gwen Jones:
Ceridwen Jones: —— .
4th row/4edd Res. Betty Vaughan: Nanw Morris: David Lloyd Davies: Margaret Edwards:
J.T.Edwards: Griff Evans: Howard Williams: Morfydd Morris: Mary Ward: George Pugh: Gladys
Lloyd Williams: John Watkins: David Martin: —— : —— : —— .
3rd row/3edd Res. David Cudworth: —— : Marion Breese: Brenda Roberts: Iris Williams:
Rhiannon Caffrey: —— : Eirlys Richards: Bronwen Thomas: Carys Price: Dilys Evans: Phyllis
Davies: Nora Morris: —— : Ellen Rees: Mair Evans: Olwen Owen: Laura Rees: Mair Jones:
Maude Caffrey.
2nd row/2il Res. Stanley Jones: David Davies: Will Jenkins: John E.Bonner: Enid Lewis: Nellie
Evans: Nancy Davies: Violet Watkins: Gwyneth Lloyd: Bessie Anstell: Gwen Jones: Margaret
Breese: Mrs John Edwards: Mrs Evans (Marchlyn): Mrs E.Maldwyn Jones: T.J.Davies: Meirion
Williams: Tommy Vaughan: Tom Owen.
Front row/Rhes flaen. Charlie Davies: Evan J.Jones: —— : John Breese: Annie Margaret Jones:
Islwyn Jones: Evan Maldwyn Jones: Clara Humphreys: Dr Dan Davies: Muriel Arthur: Noela
Breese: —— : Cyril Davies: Lynn Jenkins.

photo/llun : H.G.Pickford & Son

163. Cast members of 'Blodwen' late 1930s.
Aelodau o gynhyrchiad 'Blodwen', diwedd 1930au.

Standing/Yn sefyll. J.T.Edwards: John Watkins: Griff Evans: Howard Williams: George Pugh: David Davies: David Martin: David Lloyd Davies.

Seated/Yn eistedd. Margaret Edwards: Mary Ward: Morfudd Morris: Gladys Lloyd Williams: Carys Price.

The cast of 'Blodwen' was first assembled in 1934, under its conductor Evan Maldwyn Jones, to perform the opera at the Town Hall in 1935. The composer was the late Joseph Parry who had been the conductor of the Machynlleth Choral Society in the 1890s. The profits from the performance were donated to the Machynlleth, Corris and District Hospital Maintenance Fund. The opera was performed again in the late 1930s and was followed by 'Joseph' also by Joseph Parry.

164. 'Joseph' at the Town Hall 1940.
'Joseph' yn Neuadd y Dref, 1940.

Back row/Rhes gefn. Charlie Davies: G.Rees:Gwynant Rees: —— : —— : Olwen Owen: —— : Blodwen Davies: Gladys Jones: Minnie Jones.

3rd row/3edd Res. Tom Owen: Edgar Davies: Ceridwen Jones: Gwen Jones:—— : —— : Margaret Jones (Albert Cafe):

Violet Watkins: Meirion Williams: Alf Williams: David Davies: Rees Morgan.

2nd row/2il Res. M. Williams (Food Control Officer) Huw Lumley: Mrs E.Maldwyn Jones: Edwin Jones: Griff Evans: John E.Bonner:

Rosie Davies: Annie Margaret Jones: Rhiannon Caffrey: —— : Howard Williams: John Watkins: Eunice Humphreys: Betty Vaughan.

1st row/Rhes 1 af. Bronwen Thomas: Sally Bebb: Phyllis Davies:Gwladys Evans: Carys Price: Eirlys Richards: —— : Mair Jones: Islwyn Jones: Rhona Latham: Nellie Evans: —— :—— .

Front/Blaen. Evan Maldwyn Jones: Gwenllian Morgan: Dr. Dan Davies: Stanley Jones

165

165. Raligamps 1956.

The audience at the Town Hall for the B.B.C recording of the radio programme 'Raligamps' which was compered by Alun Williams.

Dyma'r gynulleidfa yn Neuadd y Dref yn ystod recordiad o'r rhaglen radio 'Raligamps' o dan ofal Alun Williams.

photo/llun : John. D. Holt

166. Maglona Drama Festival Committee 1964: *Pwyllgor Gŵyl Ddrama Machynlleth 1964.*

Standing/Yn sefyll. Ieuan G.Owen: Norman Edwards: D.J.Davies: H.R.Humphreys: Gwilym Jones: Albert Jones (Cynan) Adjudicator/ Beirniad: Gwilym Lloyd Jones: Griff Owen.

Seated/Yn eistedd. Olwen Jenkins: Blodwen Williams: Mrs Dan Davies: Lona Williams.

The Festival took place in the town between 1953 and 1965. It took the form of a Drama Week and a play was staged each night during a week in either March or April. Each Festival produced a profit which provided necessay funds to maintain the Owain Glyndŵr Institute and the Town Hall; approximately £2,500 was raised in all. Unfortunately, the Festival was forced to close due to the Town Hall becoming unsafe.

Cynhaliwyd yr Ŵyl yn y dref o 1953 hyd 1965 ar ffurf Wythnos Ddrama pryd y perfformiwyd drama wahanol bob nos am wythnos yn ystod Mawth neu Ebrill. Byddai pob Gŵyl yn gwneud digon o elw yn flynyddol i gynnal Sefydliad Owain Glyndŵr a Neuadd y Dref. Codwyd cyfanswm o tua £2,500 i gyd. Yn anffodus, oherwydd cyflwr peryglus Neuadd y Dref, daeth yr Ŵyl i ben.

Worthies and Personalities / Enwogion a Chymeriadau

167. Lawrence Ruck (1820 - 1896), Pantlludw.

Lawrence Ruck was a native of Kent who married Mary Ann Matthews of Esgair Hall and Pantlludw in 1842. He lived as a gentleman and spent much of his time landscaping Pantlludw. He speculated in quarries on the Darren and was one of the first directors of the Newtown and Machynlleth Railway. He was present at the first meeting of the provisional directors at the Wynnstay Hotel, Machynlleth on Saturday December 27th, 1856.

Brodor o Swydd Gaint oedd Lawrence Ruck a briododd Mary Ann Mathews, Esgair Hall a Pantlludw ym 1842. Trigai fel gŵr bonheddig gan dreulio llawer o'i amser yn tirlunio Pantlludw. Mentrodd ym maes y chwareli ar y Darren, ac ef oedd un o gyfarwyddwyr cyntaf Rheilffordd Y Drenewydd a Machynlleth. 'Roedd yn bresennol yng nghyfarfod cyntaf y darpar gyfarwyddwyr yng Ngwesty'r Wynnstay, Machynlleth, Dydd Sadwrn, Rhagfyr 27ain, 1856.

168. Mary Ann Matthews (1821 - 1905).

Mary Ann and Lawrence Ruck had six children. Among the children were Arthur Ruck, chief constable of Caernarvonshire, who was the father of Berta Ruck the authoress; Amy Ruck who married Francis Darwin, Charles Darwin's son; and Major General Sir Richard Ruck. Mary Ann was a close friend of the novelist George Eliot. Charles Darwin was a visitor to Pantlludw and regularly corresponded with Mary Ann.

Ganwyd chwech o blant i Mary Ann a Lawrence Ruck. Un ohonynt oedd Arthur Ruck, Prif Gwnstabl Sir Gaernarfon a thad Berta Ruck, yr awdures. Priododd Amy Ruck, un arall o'r plant, Francis Darwin, mab Charles Darwin. 'Roedd yr is-gadfridog, Syr Richard Ruck, hefyd yn fab iddynt. 'Roedd Mary Ann yn ffrind agos i'r nofelydd George Eliot, a bu Charles Darwin yn ymwelydd â Phantlludw.

Southwell Brothers; Y Brodyr Southwell

169. Thomas Lloyd.

Thomas Lloyd had a chemist's shop in Pentrerhedyn Street during the 1860s. He was a grandfather to Selwyn Lloyd M.P. who was a cabinet minister in the Macmillan government. Thomas later moved to Liverpool and established the Shaftsbury Hotel.

'Roedd gan Thomas Lloyd siop fferyllydd yn Heol Pentrerhedyn yn ystod y 1860au. 'Roedd yn daid i Selwyn Lloyd A.S., un o weinidogion y cabinet yn llywodraeth Macmillan. Yn ddiweddarach symudodd Thomas i Lerpwl ac yno sefydlodd Westy'r Shaftsbury.

Platt. Liverpool; Platt. Lerpwl

169

170. Samuel Evans and family of Beach House, Bath c1880.

Samuel Evans a theulu Beach House, Caerfaddon. tua 1880.

Samuel Evans (seated on the left) was the son of the Rev'd William Evans and his wife Jane of Machynlleth. Samuel left for Bath in the mid 1840s and, in 1846, he opened a linen draper's business near the Bath Assembly Rooms. The development of that shop played a vital role in the outstanding business lives of his nephews Thomas, Owen and William Owen who were the sons of Owen Owen of Cwmrhaidr, Machynlleth. All three were apprenticed to Samuel Evans and Thomas helped to expand the business into a large department store. The Evans and Owen company also became one of the largest paper manufacturing companies in the country. Owen and William left to establish their own department stores at Liverpool and London respectively. Samuel Evans's brother, Adam, was a printer and publisher in Machynlleth during the second half of the 1800s.

Mab oedd Samuel Evans (yn eistedd ar y chwith) i'r Parchedig William Evans a'i wraig, Jane o Fachynlleth. Aeth Samuel i fyw i Gaerfaddon yng nghanol y 1840au, ac ym 1846 agorodd fusnes dilledydd yn ymyl y 'Bath Assembly Rooms'. Chwaraeodd ffyniant y siop honno ran bwysig iawn ym myd busnes ei neiaint, Thomas, Owen a William Owen, meibion Cwmrhaidr, Machynlleth. Bu'r tri ohonynt yn brentisaid gyda Samuel Evans a bu Thomas yn cynorthwyo gydag ehangiad y busnes i fod yn siop adrannol fawr. Tyfodd Cwmni Evans ac Owen i fod yn un o'r cwmniau gwneud papur mwyaf yn y wlad yn ogystal. Sefydlodd Owen a William eu siopau adrannol eu hunain, Owen yn Lerpwl a William yn Llundain.

'Roedd brawd Samuel Evans, Adam, yn argraffydd a chyhoeddwr ym Machynlleth yn ystod ail hanner y bedwaredd ganrif ar bymtheg.

171. Thomas Owen (1840 - 1898).

Thomas Owen was born at Bwlch, Machynlleth on September 15th, 1840. He was the first son of Owen Owen and his first wife Susannah Jones. When he was a young boy, he was apprenticed to Samuel Evans of Bath. He eventually became a partner in Evans and Owen, a large department store in Bath. The business thrived and Evans and Owen became the owner of several paper mills. Two significant employees were William and Albert Reed. They eventually formed their own company which has developed into Reed International, one of Europe's largest paper manufacturing companies. Thomas Owen was also the owner of the *Western Daily Mercury*: a newspaper based at Plymouth. He became the Member of Parliament for Launceston but was tragically killed in an accident at the waterfall near his home at Cwmrhaidr near Machynlleth.

Hayman & Sons. Launceston

Ganwyd Thomas Owen yn y Bwlch, Machynlleth, Medi 15fed, 1840. Ef oedd mab cyntaf anedig Owen Owen a'i wraig gyntaf, Susannah Jones. Pan oedd yn fachgen ifanc aeth yn brentis i Samuel Evans, Caerfaddon. O dipyn i beth daeth yn bartner yn Evans ac Owen, siop adrannol fawr yng Nghaerfaddon. Tyfodd y busnes yn llwyddiannus, a daeth cwmni Evans ac Owen yn berchennog ar nifer o felinau papur. Cyflogwyd dau gan y cwmni a dyfodd i fod yn enwau o bwys, sef William ac Albert Reed. Yn ddiweddarach ffurfiodd y ddau eu cwnni eu hunain a adnabyddir heddiw fel 'Reed International', un o'r cwmniau gwneud papur mwyaf yn Ewrob. Thomas Owen hefyd oedd perchennog y Western Daily Mercury, papur a leolwyd yn Plymouth. Daeth yn Aelod Seneddol dros Launceston, ond cafodd ei ladd mewn damwain drychinebus wrth y rhaeadr yn ymyl ei gartref yng Nghwmrhaidr, ger Machynlleth.

172. Owen Owen
(1847 - 1910).

photo/llun : Elliott and Fry. London

Owen Owen was born on October 13th 1847 at C w m r h a i d r , Machynlleth. He was the first son of Owen Owen by his second wife Esther who was the daughter of the Rev'd William Evans and his wife Jane. After his apprenticeship with Samuel Evans at Bath, he moved to Liverpool on February 24th 1868. By April 11th 1868, he had opened a shop at 121, London Road which developed into a large department store by the turn of the century. Owen Owen moved to London and became a major property developer in the city and a director of several department stores. He died on March 27th 1910 and his ashes were placed in the family grave at the Town Cemetery, Machynlleth.

Ganwyd Owen Owen ar Hydref 13eg, 1847 yng Ngwmrhaidr, Machynlleth. Ef oedd mab hynaf Owen Owen a'i ail wraig, Esther, a oedd yn ferch i'r Parchedig William Evans a'i wraig, Jane. Wedi iddo fwrw'i brentisiaeth gyda Samuel Evans yng Nghaerfaddon, symudodd i Lerpwl ar Chwefror 24ain, 1868. Erbyn Ebrill 11eg, 1868, 'roedd wedi agor siop yn 121 Heol Llundain a dyfodd erbyn troad y ganrif i fod yn siop adrannol fawr. Symudodd Owen Owen i Lundain, ac yno daeth yn ddatblygwr eiddo o gryn bwys yn y ddinas, ac yn gyfarwyddwr nifer o siopau adrannol. Bu farw ar Fawrth 27ain, 1910, a rhoddwyd ei lwch ym meddrod y teulu ym Mynwent y Dref, Machynlleth.

173. Hugh Lloyd, Surgeon/Llawfeddyg (1808 - 1883).

Hugh Lloyd had an extensive practice as a surgeon and was the coroner of Montgomeryshire. After qualifying at St Bartholomew's Hospital, he returned to assist his father, Hugh Lloyd, who was also a surgeon, in 1831. He was Medical Officer of Health to the Machynlleth Board of Guardians from its formation in 1839.

'Roedd Hugh Lloyd yn meddu ar bractis helaeth fel llawfeddyg ac ef oedd crwner Sir Drefaldwyn. Ym 1831, wedi iddo ennill y cymwysterau angenrheidiol yn Ysbyty Sant Bartholomew, dychwelodd i gynorthwyo'i dad, Hugh Lloyd, a oedd hefyd yn llawfeddyg. Bu'n Swyddog Meddygol Iechyd i Fwrdd Gwarchodwyr Machynlleth o'i ddechreuad ym 1839.

photo/llun : E.Reese. Machynlleth

174. May Thomas.

She was the wife of Thomas Thomas and during the late 1800s and early 1900s was known as Mrs Tom Tom. She kept a small shop a few doors up from the White Horse. May Thomas worked hard for the congregational cause in the town and she opened the chapel schoolroom at Dovey Bridge on June 29th 1899.

Gwraig ydoedd i Thomas Thomas a adnabuwyd fel Mrs Tom Tom ar ddiwedd y 1800au a dechrau'r 1900au. 'Roedd ganddi siop ychydig ddrysau yn uwch i fyny na'r 'White Horse'. Gweithiai May Thomas yn ddiflino dros yr achos anghydffurfiol yn y dref ac agorodd ysgoldy'r capel ym Mhont-ar-Ddyfi ar Fehefin 29fed, 1899.

175. Isaac Evans
(1866 - 1924).

Isaac Evans was a native of Cardiganshire who lodged and worked at the Brickfield House tannery in the Garsiwn during the early 1890s. The tannery was owned by Jane Griffiths who was the widow of Evan Griffiths, skinner. Isaac Evans later developed a wool merchant's business at the site which was continued by his son, Douglas Evans. Brickfield House, before becoming a tannery, had been the centre of John Williams's linsey - woolsey manufacturing business in the 1850s and 1860s.

Brodor o Sir Aberteifi oedd Isaac Evans a oedd yn lletya ac yn gweithio yn Nhanerdy Tŷ Brickfield yn y Garsiwn ar ddechrau'r 1890au. Perchennog y Tanerdy oedd Jane Griffiths, gweddw Evan Griffiths, y triniwr crwyn. Yn ddiweddarach datblygodd Isaac Evans fusnes masnachu gwlan ar y safle, busnes a barhawyd gan ei fab, Douglas Evans. Yn ystod y 1850au a'r 1860au bu Tŷ Brickfield yn ganolfan busnes cynhyrchu linsey - woolsey a berthynai i John Williams, cyn ei droi yn danerdy.

176. Maldwyn Humphreys
(1851 - 1908).

Maldwyn Humphreys was the son of Evan Humphreys, currier, of Machynlleth. He was a very popular tenor who performed in major musical festivals throughout Britain. He studied at the Royal College of Music and won the Gold Medal there in 1889. He gave an outstanding performance of 'Elijah' on November 2nd 1890 at the Royal Albert Hall. While in America in 1899, he received excellent reviews in the press. *The Mankato Daily Review* commented: Mr Maldwyn Humphreys captivated his audience at once and proved himself to be one, if not the best, singers heard in the city. His brother, H.R.Humphreys, was a successful singer who also conducted the Machynlleth and District Choral Society.

'Roedd Maldwyn Humphreys yn fab i Evan Humphreys, triniwr lledr, o Fachynlleth. 'Roedd yn denor hynod o boblogaidd a berfformiodd mewn gwyliau o gryn bwys ar hyd a lled Prydain. Bu'n astudio yn y Coleg Cerdd Brenhinol, ac ym 1889 ef oedd enillydd y Fedal Aur yno. Yn ol yr hanes 'roedd ei berfformiad o 'Elijah' yn Neuadd Frenhinol Albert ar Dachwed 2il, 1890 yn un gwefreiddiol. Tra yn yr Amerig ym 1899 derbyniodd adolygiadau ardderchog yn y wasg yno. Dyma ddywedwyd amdano yn y *Mankato Daily Review*: Swynodd Mr Maldwyn Humphreys ei gynulleidfa ar unwaith, a phrofodd i fod yn un o'r cantorion gorau, os nad y gorau, a glywyd yn y ddinas. 'Roedd ei frawd, H.R.Humphreys, hefyd yn ganwr llwyddiannus. Yn ogystal â hynny ef oedd arweinydd Cymdeithas Gorawl Machynlleth a'r Cylch.

177. John Edwards 1875.

Ebenezer Morgan. Aberystwyth

John Edwards, bandmaster, Machynlleth, with the silver cornet which cost 42 guineas in 1875. The inscription on the cornet reads as follows: 'Presented by Captain W.H.Bound to Mr John Edwards, Bandmaster, Machynlleth, on behalf of the Machynlleth, Carno, Penybont and Cemmaes Brass Bands, who appreciated his abilities as leader and his uniform kindness and attention to them while under his tuition, on April 10th 1875'. John Edwards also assisted his brother, Edward Edwards, during the construction of the Machynlleth Town Clock.

Dyma John Edwards, bandfeistr, Machynlleth, gyda'i gornet arian a gostiodd 42 gini ym 1875. Dyma ddywed yr arysgrifiad ar y corned: 'Cyflwynedig i Mr John Edwards, bandfeistr, Machynlleth, gan y Capten W.H.Bound, ar ran Bandiau Pres Machynlleth, Carno, Penybont a Chemais, a werthfawrogai ei allu fel arweinydd, a'i garedigrwydd cyson tuag atynt tra'n derbyn hyfforddiant ganddo, Ebrill 10fed, 1875'. Bu John Edwards hefyd yn cynorthwyo'i frawd, Edward Edwards, yn ystod cyfnod adeiladu Cloc Tref Machynlleth.

178. Frances Lewis (1884 - 1959).

Frances Lewis lived at Aberllefenni House in Penrallt Street and was the daughter of Maurice Lewis who was one of the pioneers of the English Presbyterian Chapel in the town in the late 1860s. She was an outstanding soprano who regularly appeared in major concerts in Mid Wales and further afield during the early 1900s.

'Roedd Frances Lewis yn byw yn Aberllefenni House yn Heol Penrallt, ac 'roedd yn ferch i Maurice Lewis, un o arloeswyr Y Capel Presbyteriadd Saesneg yn y dref yn niwedd y 1860au. 'Roedd yn soprano o fri a ymddangosai'n rheolaidd ym mhrif gyngherddau Canolbarth Cymru a thu hwnt ar ddechrau'r 1900au.

179. John Thomas (1880 - 1955).

John Thomas the chemist's family resided in the same house in Penrallt Street since approximately 1796 when Owen Thomas opened a grocer's and druggist's shop in Machynlleth. He was succeeded by his widow and then their son John, grandfather of the above. John Thomas was a keen local historian who had an excellent collection of historical items that had been passed through the family from generation to generation. These included a national lottery ticket from the period 1805 - 1810 when a lottery was held to finance the Napoleonic Wars.

'Roedd teulu John Thomas, y fferyllydd, wedi byw yn yr un tŷ yn Heol Penrallt ers oddeutu 1796 pan agorwyd siop groser a drygist gan Owen Thomas ym Machynlleth. Dilynwyd ef gan ei weddw ac yna'u mab, John, taid i'r John Thomas uchod. 'Roedd John Thomas yn hanesydd lleol brwd a feddai ar gasgliad gwych o eitemau hanesyddol a etifeddodd gan ei deulu o genhedlaeth i genhedlaeth. Yn eu mysg 'roedd tocyn loteri genedlaethol o'r cyfnod 1805 - 1810 pan gynhaliwyd loteri i ariannu rhyfeloedd Napoleon.

180. William Thomas Jordan.

W.T. Jordan was a native of Cardiff who spent most of his life in Machynlleth. He was the *Montgomeryshire County Times* reporter for Western Montgomeryshire and Southern Merioneth from the First World War to the early 1960s. He was an elder at the English Presbyterian Chapel and a very keen local historian.

Brodor o Gaerdydd oedd W.T. Jordan, ond treuliodd y rhan helaethaf o'i fywyd ym Machynlleth. Ef oedd gohebydd y *Montgomeryshire County Times* dros Orllewin Sir Drefaldwyn o gyfnod y Rhyfel Byd Cyntaf hyd ddechrau'r 1960au. 'Roedd yn henadur yn y Capel Presbyteraidd Saesneg ac yn hanesydd lleol brwd.

181. James and Mary James c.1920.

James and Mary James lived at 68, Maengwyn Street. Mary was a native of the town and was the daughter of Thomas Jones, brother of the well known Calvinistic minister the Rev'd Evan Jones, Caernarvon. Her brother, also Thomas, was the editor and director of *Y Genedl*, Caernarvon. James James was a miner and a member of the well known James family of Nantymoch. Their physical features interested anthropologists because they were consistent with those of Stone Age man whose features survived, in Britain, in the remote parts of North Cardiganshire into the twentieth century.

'Roedd James a Mary James yn byw yn 68, Heol Maengwyn. Brodor o'r dref oedd Mary, merch Thomas Jones, brawd i'r gweinidog Calfinaidd enwog, y Parch Evan Jones, Caernarfon. 'Roedd ei brawd, Thomas eto, yn olygydd a chyfarwyddwr 'Y Genedl', Caernarfon. Mwynwr oedd James James ac yn perthyn i deulu adnabyddus Nantymoch, Pumlumon. 'Roedd nodweddion corfforol y teulu o ddiddordeb i anthropolegwyr a thybient eu bod yn gyson â rhai'r dyn o Oes y Cerrig. Goroesodd y nodweddion hyn i'r ugeinfed gantrif mewn ardaloedd diarffordd o Ogledd Ceredigion.

182. Foulkes Roberts and Augustus Roberts c.1940.
Foulkes Roberts ac Augustus Roberts, tua 1940.

Familiar figures in Machynlleth during the late 1800s and the first half of the 1900s were the brothers Foulkes and Augustus Roberts. Foulkes was a solicitor's clerk and his brother was a tailor at Osborne Morgan, Leeds House. The above photograph was taken at the eastern end of Maengwyn Street c. 1940.

'Roedd y brodyr Foulkes ac Augustus Roberts yn ddau gymeriad adnabyddus iawn yn y dref yn ystod diwedd y 1800au a hanner cyntaf yr ugeinfed ganrif. Clerc i gyfreithiwr oedd Foulkes, a'i frawd yn deiliwr gyda Osborne Morgan, Leeds House. Tynnwyd y llun uchod ym mhen dwyreiniol Heol Maengwyn tua 1940.

photo/llun : John.D.Holt

183. Ellen Griffiths c.1950;
Ellen Griffiths, tua 1950.

Ellen Griffiths, the school caretaker at Machynlleth Junior School, whitewashing the Georgian cottages in Graig Fach. Mrs Griffiths also made confectionery, especially rock, which she sold at the Machynlleth Fairs. Her son, Evan Griffiths, brought piped television to Machynlleth in the late 1950s.

Dyma Ellen Griffiths, gofalwr Ysgol Gynradd Machynlleth yn cannu'r bythynnod Georgiadd yn y Graig Fach. Byddai Mrs Griffiths yn gwneud melysion, yn enwedig roc, a werthwyd ganddi yn ffeiriau Machynlleth. Ei mab Evan Griffiths, ddaeth â theledu pibellog i Fachynlleth ar ddiwedd y 1950au.

184. Syd Thomas

Syd Thomas was the only Machynlleth born footballer to be capped for Wales at full international level. He was the son of Frank and Kate Thomas, Maengwyn Bakery, and he signed professional forms for Fulham in the late 1930s. War service interupted his soccer career but he resumed at Fulham after the war and gained four caps for Wales on the right wing.

He was transferred to Bristol City during the 1949-1950 season but ill-health forced an early retirement and a return to the family business at Machynlleth.

This photograph was taken in the late 1940s during his career with Fulham.

Syd Thomas oedd yr unig beldroediwr o Fachynlleth a enillodd gap dros Gymru ar lefel ryngwladol lawn. 'Roedd yn fab i Frank a Kate Thomas, Popty Maengwyn, ac arwyddodd ffurflenni proffesiynol i Fulham ar ddiwedd y 1930au. Tarfwyd ar ei yrfa fel peldroediwr gan ddyfodiad y rhyfel, ond ail-ddechreuodd chwarae i Fulham wedi'r rhyfel ac enillodd bedwar cap i Gymru ar yr asgell dde.

Symudodd i chwarae i dîm 'Bristol City' yn ystod tymor 1949-1950 ond bu'n rhaid iddo roi'r gorau iddi oherwydd afiechyd, a daeth yn ôl i ymuno â busnes y teulu ym Machynlleth.

Tynnwyd y llun uchod ar ddiwedd y '40au yn ystod ei yrfa yn Fulham.

185 and 186. Jess: 1930s: *Jess: 1930au.*

Jess was a remarkable dog who enjoyed a smoke and a drink. He belonged to Richard Lewis (Sergeant Dick) of White Horse Terrace and, later, Treowain.

'Roedd Jess yn gi nodedig iawn a fwynheai fygyn a diferyn o ddiod. Perthynai i Richard Lewis (Sergeant Dick) a drigai yn Nheras y 'White Horse' ac, yn ddiweddarach, yn Nhreowain.

Index

186

I

J

M

I should like to thank the following for their assistance in the production of this book :
James Barfoot
Ann Fychan
the family of the late John D. Holt
the late Elsie May Lewis
the late May Evans, Arfon House
Leslie Thomas
the late Albert Caffrey
Mair Evans
May Clubb
Patrick Smith
John Davies, 16 Maengwyn Street
Gwyn Briwnant-Jones
Bob (Montana) Davies
Harold Roberts
John E Bonner
Jenny Lewis
the late George Fleming
W. James Fleming

The Machynlleth and District Civic Society wishes to acknowledge financial assistance from the Montgomeryshire Community Committee of Powys County Council towards the publication of this book.

SUBSCRIBERS' LIST

1. Machynlleth and District Civic Society
2. John Maldwyn Rees, Greenfield, 5 Longacre Road, Carmarthen SA31 1Hl
3. R. D. C. and E. J. Jones, The Pharmacy, Machynlleth
4. Martin Henniker-Gotley, Min-y-Nant, Derwenlas, Machynlleth
5. Mrs. A. L. C. Beaumont, Plas Llwyngwern, Machynlleth
6. Mr. Ralph Beaumont, Llwyngwern, Machynlleth
7. J. Michael Williams, 5 Brynygog, Machynlleth
8. Richard Pughe Humphreys, 14 Felindre, Pennal, Machynlleth
9. Lord Londonderry, P.O. Box, No. 8, Shaftesbury, Dorset
10. Lord Londonderry, P.O. Box, No. 8, Shaftesbury, Dorset
11. Miss Gaynor Griffiths, 17 Doll Street, Machynlleth
12. Mrs. Judith Lilley, 66 Shelcotts Rd., Korumburra, Victoria, Australia
13. Mr. and Mrs. H. L. J. Humphreys, Glandwr, Forge, Machynlleth
14. Ted and Alice Hughes, 39 Tregarth, Machynlleth
15. G. Mary Jones, 4 Glanogwen Cottages, Bethesda
16. Dr. Gareth Jones, Barnpool, Primrose Lane, Bredgar, Sittingbourne, Kent
17. Lona Davies, Tudor House, Maengwyn St., Machynlleth
18. Iorwerth and Veronica Hughes, 36 Maengwyn St., Machynlleth
19. Ron and Audrey Morris, Tuffley, Forge Road, Machynlleth
20. Guy Whitburn Q.C., The Limes, Cotherstone, Barnard Castle, Co. Durham
21. Richard Whitburn, 20 West Mall, Clifton, Bristol
22. Arthur Henry Caffrey, 1 Gilbanks Road, Stourbridge
23. Kelvin Jenkins, Arfon House, Machynlleth
24. Ida Gadman, 30 Cae Crwn, Machynlleth
25. Alan R. Thomas, Old Maengwyn, Machynlleth
26. Les and Margaret Thomas, Meillion, 8 Maesnewydd, Machynlleth
27. H. L. & B. Davies, 7 Tremyrallt, Machynlleth
28. Llyfrgell Genedlaethol Cymru, Aberystwyth
29. Jane Hibbert, Bwthyn Cymraeg, Forge, Machynlleth
30. J. E. Bonner, 3 Tanygraig Flats, Machynlleth
31. Walter Williams, Bodathro, Dinas Mawddwy
32. John Geraint Humphreys, Maglona, 257 Delffordd, Rhos-cil-y-Bebyll, Pontardawe, SA8 3EP
33. Margo and Patrick Nicklin, Bryngwawr, Abercegir, Machynlleth
34. Suzanne and John Turner, 2 Tanygerddi, Cemmaes, Machynlleth
35. Meirwen Hughes, Rhosygarreg, Aberhosan, Machynlleth
36. Meirwen Hughes, Rhosygarreg, Aberhosan, Machynlleth
37. Cllr. and Mrs. Ivan R. Warren, Warren Parc, Penegoes, Machynlleth
38. Keith Holdsworth – Taxis, (Prop. Malcolm Rowlands, 18, Cae Crwn, Machynlleth)
39. Gwen Elin Morgan, Hyddgen, Llandudno
40. David and Valerie Morgan, Hyfrydle, Machynlleth
41. Sqd. Leader (Rtd) & Mrs. Ken Rogers (Mrs Hilda Thomas), 5 Ness Court, Burwell, Cambridgeshire – for Wenda Garbett and Margaret Williams (both former head girls at Machynlleth High School), daughters of Hilda and Gordon Thomas
42. Wynn Rees Jones, Sycamore House, Llancadle, South Glamorgan
43. John Humphrey Parsons, Cambrian House, Machynlleth
44. Mr. and Mrs. Julian Fenwick, Llynlloedd, Machynlleth
45. Alvar Humphreys, 2 Post Office Terrace, Penegoes, Machynlleth
46. Margaretta Jones, 56 Tregarth, Machynlleth
47. Richard Elfyn Mumford, 2 Cae Crwn, Machynlleth
48. H. G. Jones & Sons Ltd., Station Garage, Machynlleth
49. National Westminster Bank Plc., 22 Maengwyn St., Machynlleth
50. Brinley Richard Lewis and Betty Lewis, Gwynfe, 33 Coedcae, Pontardawe, Swansea
51. Martin Ashby, St. Kilda, Llanwrin, Machynlleth
52. Bill and Betty Putt, 20 Cae Crwn, Machynlleth
53. Mrs. Eurwen Jones, Erw Fair, Railway Terrace, Machynlleth
54. David Beaumont, Poolspringe, Much Birch, Hereford
55. John and Carolyn, Dyfi Forrester Inn (ex Eagles), Doll Street, Machynlleth
56. Arnold M. Shuter, Hafod y Cwm, Mallwyd, Machynlleth
57. I. G. and H. D. Owen, Ironmongers, Penrallt Street, Machynlleth

58. David, Claire, Sara, Cait and James Grady, 85 St. Peter's Park, Northop, Nr. Mold
59. Wynnstay Arms Hotel, Maengwyn Street, Machynlleth
60. Mr. and Mrs. P. L. Brunton, Brynafon, Machynlleth
61. Richard Knight Williams, 41 Whitethorn Drive, Prestbury, Cheltenham
62. Anwen Dyfi, Dona Mair, Gwilym Dewi children of Alf and Maureen Hughes, 5 Penrallt Street, Machynlleth – grandson of David Hughes, huntsman of Plas Machynlleth Foxhounds
63. Lady Hooson, Summerfield Park, Llanidloes
64. The Powysland Club, c/o Red House, Guilsfield
65. Colin and Lynda Orme Thomas, Skinners Arms, Machynlleth
66. Phil, Joan, Amanda, Louise, Wendy and James Caisley, 43 Craigfryn, Machynlleth
67. Mrs. M. Carol Jones (Carol the Dressmaker), 33 Maldwyn Place, Garsiwn, Machynlleth
68. Second Gear – Pam Vaughan, 38 Maengwyn Street, Machynlleth
69. Mr. and Mrs. A. Morgan, Caeheulon, Aberhosan, Machynlleth
70. Mid Wales Tourism, The Station, Machynlleth
71. David Lewis James, Gelligoch, Glaspwll, Machynlleth
72. Alun Smith-Jones, Maesteg, Newtown Road, Machynlleth
73. Machynlleth Town Council
74. Machynlleth Town Council
75. Machynlleth Town Council
76. Machynlleth Town Council
77. Machynlleth Town Council
78. Gwynfor and Ann Jones, Gwynfan, 11 Cae Maenllwyd, Machynlleth
79. Dilys Mills, 55 Tregarth, Machynlleth
80. John Wynne Jones, 2 Graig Villas, Machynlleth
81. David Wyn Davies, Tanerdy, 21 Poplar Road, Machynlleth
82. Mr. and Mrs. Tom Lloyd, 18 Heol Iorwerth, Machynlleth
83. Iwan F. Roberts, 1820 Sandalwood Lane, Newport Beach, California
84. Mr. and Mrs. Evan Jones, Croeslyn, Newtown Road, Machynlleth
85. Margaret and Barry Carter, Fronygog, Machynlleth
86. Bethan, Eleanor and Owen Morgan, Coedcae, Penegoes
87. Gareth Wyn Evan, 77 Ponesfield Road, Netherstone, Lichfield, Staffs
88. Edgar and Elsie Jenkins, Belmont, New South Wales, Australia
89. Gwilym Hughes, Dovey Vision, 41 and 47 Maengwyn Street, Machynlleth
90. David Griffiths, Dovey Vision, 41 and 47 Maengwyn Street, Machynlleth
91. Muriel Pryce, Interiors and Dressmaking, Papyrus Workshop, Machynlleth
92. Mrs. Margaret Parry of Denbigh formerly Margaret Evans, 19 Doll Street, Machynlleth
93. Norman, Winifred, Gwyn a Gwenan Evans, Plas Cottage, Heol Maengwyn, Machynlleth
94. Henry Evans, Trefenai, Machynlleth
95. C. J. Morrison, Bronygarth, 12 Garden Village, Machynlleth
96. Mr. and Mrs. H. M. Hughes, 81 Brynygog, Machynlleth
97. Mr. and Mrs. W. E. Thomas, Llys Eirian, 60 Maengwyn St., Machynlleth
98. Emyr and Lyn Roberts, Gwynfa, 2 Felingerrig, Machynlleth
99. Miss Blodwen J. Jones, 23 Poplar Square, Machynlleth
100. Mrs. Bernadette and Mr. Aaron Cottam, London House Furnishers, London House, Machynlleth
101. Emyr and Angharad Lewis, Bacheiddon, Aberhosan, Machynlleth
102. Philip Holt, 56 Cae Crwn, Machynlleth
103. Mr. and Mrs. J. R. Davies, Dolclettwr Hall, Taliesin, Machynlleth
104. Dr. D. J. Griffiths, Morawel, Clarach, Aberystwyth
105. Mr. and Mrs. Albert Hulme, Tegfan, 40 Brickfield Street, Machynlleth
106. Iris Rees Jones, 40 Cumberland Rd., Bromley, Kent
107. Cllr. Gwilym Evans, Chairman, Montgomeryshire Council
108. Cllr. Louis Williams, Chairman, Montgomeryshire Community Committee
109. Glyn Lewis Jones, 16 Bronygader, Abergynolwyn, Tywyn
110. E. Marpole Thomas and Eleanor Thomas, 34 Cae Crwn, Machynlleth
111. R. Eryl Jones, 95 Tregarth, Machynlleth
112. Maharani (Mohammed), 21 Penrallt Street, Machynlleth
113. Mr. D. L. Marner and Mrs. L. A. Tye, 1 and 2 Penyfron, Llanbadarn Fawr
114. Bob (Montana) Davies, 6 Tanygraig, Machynlleth
115. Alfred and Margaret Evans, Maglona, 20 Tensing Close, Llanishen, Cardiff
116. James and Peggy Barfoot, 6 Bank Street, Machynlleth
117. Glyndwr, Mair and Kenneth Holt, 72 Tregarth, Machynlleth
118. Glynis and Steve Jones, 219 Wake Green Road, Moseley, Birmingham

119. Ian Hill, Director of Community, Leisure and Recreation Department, Powys County Council, Llandrindod Wells
120. William Lloyd Williams and Son, Retail and Wholesale Butchers, Maengwyn Street, Machynlleth
121. Philip L. Morgan, Forest Hill, London
122. Sound Machine Disco Roadshow – David L. Jones and D. Gwyn Evans
123. Gwyn and Gwyneth Briwnant-Jones, Lilian Briwnant-Jones, Machynlleth
124. Ivor and Jean Price, 20 Treowain, Machynlleth
125. John, Gwenan and Gareth W. Jones, 18 Tremyrallt, Machynlleth in memory of James Trevor Edwards
126. Dave Philpot, White Horse Hotel, Machynlleth
127. Mrs Dilys Glover, Hafod, 21 Greenside, Mold, Flintshire.
128. Mr Richard Glover L.LB, c/o Hafod, 21 Greenside, Mold, Flintshire.
129. Gordon Bastock, Annedd Deg, Bro Dulas, Fridd Gate, Machynlleth.
130. Mr & Mrs J. Brynmor Pugh, Bryntirion, Dinas Mawddwy.
131. David, Sylvia, Mark and Glenn Rowlands, Syldav, Garth Rd., Machynlleth.
132. Mrs Phyllis Stone, 9 Y Dalar, Machynlleth.
133. John Duckett, Glyndwr Hotel, Machynlleth.